Heinz-Lothar Worm (Hrsg.)

Der Raritätenschrank

Von Heinz-Lothar Worm sind im Brunnen Verlag außerdem erschienen:

Schulzes Anna
Die Geschichte der Anna W.

Klara und Katharina
Schulzes Anna und ihre Töchter

Die Tietze Milli

Johanna

Heinz-Lothar Worm (Hrsg.)

Der Raritätenschrank

Geschichten aus der Heimat

BRUNNEN
VERLAG GIESSEN · BASEL

Umschlagfoto: Gießen um 1920.
Das Gebäude der Kreisverwaltung,
links vorne die Polizeiwache (Landgraf-Philipp-Platz).
Mit freundlicher Genehmigung des Stadtarchivs Gießen.

www.brunnen-verlag.de
Umschlaggestaltung: Ralf Simon
Satz: Brunnen DTP
Herstellung: Wiener Verlag, Himberg
ISBN 3-7655-1811-5

Inhalt

Helma Esselborn

Urgroßtantens Raritätenschrank

Der Raritätenschrank

„Ruhig, die Urgroßtante zankt sonst!“ Das war der Zauberspruch meiner Mutter, wenn sie mich still halten wollte und das nimmermüde Plappermäulchen auf Minuten wenigstens aufhören sollte, alle möglichen und unmöglichen Fragen zu stellen. Urgroßtante Luise wohnte bei uns im Hinterstübchen. Mit sicherem Gefühl empfanden wir Kinder, dass sie uns nicht leiden konnte; denn sie war jedem kindlichen Spiel abhold und mäkelte griesgrämig an uns herum.

Gleichwohl hatte Großtantens Persönlichkeit eine gewisse Anziehungskraft für mich; hauptsächlich deshalb, weil sie so ganz anders war als andere Leute. Unbewusst zog mich das Originelle ihrer ganzen Persönlichkeit mehr an, als sich das weiche Kindergemüt von der rauen Schale abgestoßen fühlte.

Schon ihr Gesicht hatte etwas männlich Herbes. Eine kurze Hakennase, zwei stahlblaue Augen, ein zahnloser großer Mund machten es nicht gerade sehr anziehend. Zwei schneeweiße Locken waren kunstvoll über die Ohren gelegt und pendelten bald leise, bald heftiger, hin und her, je nach der Gemütsbewegung, worin sich ihre Besitzerin befand. Die Gestalt war groß und stark. Die Last der Jahre hatte die Haltung etwas gebeugt. Die Beine wollten nicht mehr so recht ihren Dienst tun, und der Krückstock gab der ganzen Erscheinung etwas Schwerfälliges. Das waren aber auch die einzigen Gebrechen, worüber „Tante Luise" – so wurde sie allgemein genannt – mit ihren einundachtzig Jahren zu klagen hatte. Sonst war sie kerngesund.

Wenn sie gut gelaunt war, so erzählte sie gern aus vergangenen Tagen. Sie wusste noch, was die Elle Kattun vor fünfzig Jahren gekostet hatte, und die Jungen mussten oft das gute Gedächtnis der Alten bewundern. Ihre Stube betraten wir Kinder stets mit gemischten Gefühlen: Neugierde, Angst und eine gewisse Bewunderung hielten sich die Waagschale. Liebe haben wir ihr eigentlich nicht entgegengebracht, die hatte sie sich zu oft selbst verscherzt durch ihr leicht keifendes, mürrisches Wesen, das einer gewissen Eifersucht entsprungen sein mochte.

Sie hätte gern in dem Leben meiner Mutter, die sie mit großgezogen hatte und abgöttisch liebte und verehrte, die Hauptrolle gespielt, und das machten wir Kinder ihr unmöglich. Auch meiner Mutter hat sie diese Anhänglichkeit nie gezeigt. Im Haus übte sie an uns allen unbarmherzig Kritik, kam aber jemand Fremdes und erlaubte sich ein abfälliges Urteil, dann sah sie uns mit einem Male mit ganz anderen Augen an. Dann waren wir die aufgewecktesten, artigsten, fleißigsten Kinder der Welt und unsere Mutter die beste und bedeutendste Frau, die überhaupt auf Erden wandelte. Diese Widersprüche konnten wir Kinder nicht rund bringen, und deshalb standen wir innerlich der alten Tante fremd gegenüber.

Zum Mittags- und Abendtisch kam sie täglich zu uns. Ihren Kaffee dagegen kochte sie sich selbst in ihrem Zimmer auf einem Spiritusflämmchen und bestrich ihre Brötchen mit selbst eingekochtem Gelee, da ihr der unsrige, nach demselben Rezept bereitete, nicht gut genug war. Das wurde auch jede Woche ein paarmal besonders betont und von meiner Mutter stets nur mit nachsichtigem Lächeln quittiert. Kam es einmal vor, dass meine Mutter nachmittags ausgegangen war und vergessen hatte, uns unsre Brote, mit Mus oder Butter bestrichen, bereitzulegen, dann zogen wir brüllend zur Urgroßtante und klagten ihr unser Leid. Sie war dann ganz entrüstet über diese Unpünktlichkeit einer Mutter, die die armen „Bälge" hungern ließ, und holte triumphierend ein Glas ihres extrafeinen Eingemachten. Wir feierten dann bei ihr eine Orgie in Geleebroten erster Güte.

Ihr Wohnzimmer, das sie mit einem grauen Kater und einem Kanarienvogel teilte, war urgemütlich eingerichtet. Über dem großen, breiten, mit grünem Rips bezogenen Sofa hingen einige Silhouetten, umkränzt von Efeu, der in zwei links und rechts auf Konsolen stehenden Töpfen gepflanzt war. Eine wundervolle alte eingelegte Kommode, ein kleiner Nähtisch, davor ein bequemer aus Rohr geflochtener Sorgenstuhl, ein gemütlicher runder Tisch, woran man in unglaublicher Anzahl sitzen konnte – das alles bildete ein harmonisches Ganzes und passte zu der Erscheinung, die dazwischen hauste. Der Glanzpunkt war jedoch der Glasschrank in der Ecke. Bekrönt von einer alten Standuhr und zwei großen Chinesinnen aus Porzellan, war er eine Fundgrube für die Kinderphantasie, wie man sie besser nicht finden konnte.

Um dieses Glasschranks willen gingen wir alle gern zur alten Tante, und wenn sie wollte, so konnte sie prachtvolle Geschichten über die dort verwahrten Schätze erzählen; denn jedes Ding darin hatte seine Geschichte. Wir wollen einmal sehen, ob die Tante heute gut gelaunt ist.

„Tante Luise, wie war doch die Geschichte von der alten Standuhr?"

Die alte Standuhr

Liebevoll blickt die Urgroßtante zu der alten Pendule empor, die auf vier zierlichen Alabastersäulchen auf dem alten Glasschrank steht und ihr trauliches eintöniges Ticktack gar heimlich durch die Stube tönen lässt.

„Ja, die Urgroßmutter, so nannten wir zu Hause scherzhaft die Uhr, die hat schon viel gesehen. Sie hing schon in meinem Elternhaus und hat dort Freud und Leid miterlebt", so erzählt uns die heute gut aufgelegte Tante Luise. „Aber eine Merkwürdigkeit hatte die Uhr damals schon wie heute: Im Herbst beginnt ihr Schlagen immer heiserer und leiser zu werden, bis es im Winter gar nicht mehr hörbar ist; und wenn das Frühjahr kommt, dann beginnt die Urgroßmutter wieder lauter und kräftiger die abgelaufenen Stunden zu verkünden. Wir haben oft über sie gelacht, aber einmal, da haben wir nicht gelacht, da war die Sache bitter ernst, und die Urgroßmutter war es, die meinem Vater das Leben gerettet hat."

„Erzähle, Tante Luise, erzähle! Ja, das musst du uns erzählen!", so schrien wir alle durcheinander.

Es war dämmerig geworden. Nur im gemütlichen Kachelofen glühten noch ein paar Scheite, und das schön geschliffene Pendel der Urgroßmutter warf seinen Widerschein zurück, wenn es ticktack, ticktack langsam hin- und herging. Die Ofenglut beleuchtete der Tante strenges Gesicht und milderte die Züge, so dass sie fast weich wurden.

Oder war es der Schein der Erinnerung, der sie so glücklich veränderte? Sie setzte sich in ihren bequemen Lehnstuhl zurecht, band die Haubenbänder fester – das war immer ein Zeichen, dass sie sich nicht vergeblich bitten ließ – und begann.

„Ja, das mag kurios klingen, aber es ist so: Ohne unsre alte Standuhr daheim wäre euer Urgroßvater nicht alt geworden, sondern in jungen Jahren von einem Malefizbuben umgebracht worden. Es war im Jahre 1848. Da wollten die Leute Freiheit, Gleichheit und Brüderlichkeit haben, gerade wie in dem sauberen Frankreich drüben. In der Schule habt ihr doch von der Französischen Revolution gehört? Na, die hatte in Deutschland die Leute ein bisschen angesteckt, und unsre Bauern hatten die Köpfe voll Ideen: Es sollte keine reichen und keine armen Leute mehr geben, sondern alle Güter sollten gleichmäßig verteilt werden und die Reichen den Armen alles abgeben. Das wäre ja auch ganz schön, wenn's nur immer so bliebe. Da aber der eine doch schneller als der andre sein Geld ausgibt, auch nicht alle gleich sparsam sind, so müsste man nach ein paar Wochen schon wieder teilen, gerade wie wenn eins von euch, das sein Stück Kuchen langsamer isst als das andre, den Rest mit dem teilen müsste, der das seinige auf einen Satz verschlungen hatte. Aber daran dachten die unzufriedenen Leute nicht; sie wollten vor allen Dingen Geld haben, das Recht besitzen, alles zu tun, was ihnen genehm war. Und deshalb hegten sie auch Groll gegen alle Beamten, die ihnen seither so manches verboten hatten.

Da war nun mein Vater, der Revierförster, am schlimmsten daran. Denn vor allem wollten sie in dem Wald jagen und Holz holen dürfen, kurz alles tun, was ihnen seither verboten war. Sie zogen den ganzen Tag in Haufen umher, sangen Spottlieder auf die Regierung und höhnten vor den Wohnungen laut die Beamten. Diese konnten nichts machen, denn Militär war nicht am Ort. Man hatte wohl in der nächsten Stadt darum gebeten, aber es konnte erst am andern Tag eintreffen.

Ein paar Fenster hatten sie uns schon am Tag eingeworfen, gegen Abend wurde der Tumult im Dorf immer ärger. Wir saßen ruhig in unsrer Wohnstube. Die Fenster zu verhängen, die keine Läden hatten, hatte Vater verboten. Er meinte, mit Ruhe und Kaltblütigkeit am weitesten zu kommen. Trotzdem war auch er ernst, und kein Mensch wagte, das beklommene Schweigen zu unterbrechen. Nur von ferne hörte man das Lärmen von Freiheitshelden im Dorf.

Da plötzlich schlug die Urgroßmutter, die seit Wochen ihren Winterschlaf gehalten und in der letzten Zeit nur durch leises Ächzen den kommenden Frühling angekündigt hatte, hell und voll – als sei sie eben aus ihrem Schlummer erwacht – die achte Stunde. Alle blickten erstaunt nach der Konsole, mein Vater fuhr rasch mit dem Kopf herum, und im selben Augenblick pfiff durchs Fenster eine Flintenkugel an seinem Ohr vorbei.

Hätte die alte Uhr nicht gewarnt, indem sie durch ihren Schlag seine Aufmerksamkeit auf sich zog, so hätte die Kugel ihn mitten in den Kopf getroffen. Aber so kamen wir alle mit dem Schrecken davon; denn der mutige Schütze hatte sich schleunigst aus dem Staub gemacht. Niemand hat erfahren, wer der geheime Feind war.

Am andern Tag rückte eine Abteilung Soldaten an. Da war mit einem Male wieder alles friedlich, und die alten, rostigen Flinten wurden mit Heugabel und Rechen vertauscht.

Die alte Urgroßmutter auf der Wandkonsole wurde aber seitdem noch höher geschätzt als vorher, und Vater sprach von ihr oft als seiner Lebensretterin."

Bastian Meyer aus Kinzig

„Ach Tante, das entzückende Nähkästchen, das könntest du mir schenken", so bettelte ich, und Tante Luise sagte: „Ja, das vermache ich dir einmal, wenn ich sterbe."

„Aber du hast es doch erst vorgestern der Elsa vermacht", schmollte ich.

„Wann stirbst du denn, Tante?", fragte Karlchen harmlos. „Stirbst du bald?"

Tante Luise lachte. „Ja, das könnte euch passen! Nein, vorläufig lebe ich noch, aber das Nähkörbchen bekommst du, und damit basta."

„Tante, es geht doch nicht wie mit dem Kanarienvogel? Den hast du mir auch vermacht, und jetzt ist er vor dir gestorben."

Es war eine Eigentümlichkeit der Tante Luise, ihre Sachen zu vermachen. Einmal, zweimal, zehnmal, jedes Mal jemand anderem. Das bewusste Nähkästchen war aus Elfenbein, mit Gold eingelegt und mit Emailfarben bemalt. Im Innern rot ausgepolstert, barg es in dem denkbar kleinsten Raum die unglaublichsten Dinge: Spiegelchen, Riechfläschchen, ein goldenes Fingerhütchen, Nadeln in allen Größen, ein zierliches Scherchen mit Alabastergriffen, Wachsstöckchen und Garnwickel, Nagelpolierer und Ohrlöffelchen, kurz alles, was eine Dame der damaligen

Zeit auf Reisen in der Postkutsche brauchen konnte. Es war ein überaus geschmackvolles Stück, und der, der es geschenkt hatte, musste ein Mann von auserlesenem Geschmack gewesen sein.

„Denn ein Er war es doch, gelt Tante?" Damit brachten wir die schon schmunzelnde Alte zum Reden. Die Geschichte erzählte sie gern, die war ja aus der eigenen Jugend, da sie achtzehn Jahre alt war ... Und von dieser Zeit erzählen alle Frauen gern.

Ja damals, da hing einem der Himmel noch voller Bassgeigen! Die sind einstweilen heruntergekommen und haben gebrummt, tüchtig gebrummt. Aber das glaubt man nicht, wenn man jung ist und tüchtig anzuschauen, so wie wir beide waren, die Base Lina und ich.

An jenem Morgen, da wir mit der Postkutsche nach Gießen zur Tante Christine fahren sollten, da war uns der Himmel blauer als blau. Und wer uns gesagt hätte, dass er einmal anders sein könnte, den hätten wir hell ausgelacht. Wir sahen aber auch niedlich aus in unsern braunen Baregekleidern mit den grasgrünen Mänteln und rosa Seidenkapuzen, ganz wie Schwestern, eine wie die andere. So hatten wir es uns gewünscht. Linas Mutter war es gewesen, die die Herrlichkeiten besorgt hatte für ganze vierzig Gulden.

„Eine teure Ausstaffierung", brummte zwar mein guter Vater darüber, aber es war auch für die Reise nach der Stadt, und seine Schwester hatte geschrieben, dass sie mit den Nichten Staat machen wolle. Da musste schon ein Übriges geschehen.

Es war noch früh im Jahr, ein frischer Morgen, als wir erwartungsvoll vorm Löwen standen und auf die Post warteten. Vater war mit uns gegangen, ebenso die Magd, beladen mit den fein gestickten Reisetaschen, die sich nur dadurch voneinander unterschieden, dass die meine eine Miezekatze, die der Base Lina aber einen Dackel im Dessin hatte. Außerdem noch Hutschachteln, Fußsäcke und Umschlagtücher; denn es war kalt in der Postkutsche, und unsre vorsorglichen Mütter hatten Angst, wir würden uns erkälten.

Endlich tönt das Posthorn, der alte Kasten humpelt langsam heran. In den melodischsten Misstönen bläst der Schwager das Lied von dem ungetreuen Müller und dem zersprungenen Ringlein.

„Das ist ein schlechtes Omen, Fräulein", meinte die alte Babette, die trotz ihrer Schwerhörigkeit das Lied erkannt hatte. „Aber wie rührend, wie schön er das bläst, gerade wie mein Sel'ger." Sie hatte einen Postillion als Liebsten gehabt; er war ihr irgendwie abhanden gekommen. Sie bildete sich aber im Laufe der Jahre ein, er sei gestorben, und sprach von ihm als von ihrem Sel'gen.

Inzwischen waren die Postsachen abgegeben worden. Der Schwager hatte sich mit einem Schnäpslein gestärkt. Vater, der leutselig ein paar Worte mit ihm gewechselt hatte, empfahl uns noch besondere Vorsicht. Die mannigfachen Gepäckstücke wurden verstaut, zuletzt wir beide noch, von der Babette selber mit Tüchern und Fußsäcken vollständig zu Mumien eingewickelt. Ein letztes Winken, und holterdipolter setzte sich die Kutsche in Bewegung. Fort ging's ins Leben hinaus, zum ersten Mal los von Mutters Schürzenbändel. Zwei Kiek-in-die-Welt, die sich unbändig wichtig vorkamen – und im Grund genommen doch das Herzklopfen hatten vor allem, was da kommen sollte.

Als die Postkutsche langsam ins nächste Dorf hineinrumpelte, da zog schon vor den ersten Häusern eine umgestürzte Reisekalesche unsre Aufmerksamkeit auf sich. Das eine Rad schien gebrochen, und die herrliche Extrapost lag halb im Graben, halb auf der Chaussee und wartete geduldig, dass man ihr aufhülfe. Das schien aber nicht so einfach, denn sie war mutterseelenallein. Sowohl Fahrgäste wie auch Postillion und Pferde hatten sich davongemacht.

Mit Hörnerklang fuhren wir beim Gasthaus „Zum Rappen" vor, und siehe, da fand sich alles, was zu der verunglückten Kalesche gehörte: Zwei Gäule taten sich gütlich am vorgebundenen Hafersack. Ein Postillion saß schimpfend, aber trotzdem gemütlich kauend vor der Haustür. Soweit schien sich alles ins Unabänderliche gefunden zu haben und mit einem längeren Aufenthalt im „Rappen" ganz zufrieden zu sein.

Da wurde mit Heftigkeit die Tür des Gasthofs aufgerissen, und heraus stürzte ein junger Mann, der beim Anblick unserer Kutsche in den hellsten Freudenjubel ausbrach. Er beschwor in einem Atemzug unseren Postillion, ihn doch ja mitzunehmen, und im nächsten die beiden jungen Damen mit tausend Komplimenten, die Hand auf's Herz gedrückt, die Störung zu exküsieren.

„Aber Sie werden verstehen, ich bin Auteur des neuen Stückes, man spielt es heute Abend, ich will zugegen sein, man wird Beifall klatschen, und nun dieses Unglück! Ich müsste hier warten, eine, zwei, viele Stunden, wenn die verehrten Damen nicht Erbarmen haben und mich mitnehmen."

Nun, wir ließen uns erweichen, und zwar nicht ungern. Lina seufzte sogar: „Wie interessant, er schreibt sicher auch

Gedichte. Ob ich ihm mein Stammbuch gebe?“ Aber ich verwies ihr das. Lina war immer ein bisschen leicht und schnell begeistert. Solch wildfremden Menschen gegenüber hieß es Haltung bewahren, aber interessant fand ich ihn auch.

Sein Äußeres war sehr honett, obgleich die Kleidung durch das Malheur mit der Kutsche ein bisschen ramponiert war. Der feine graue Kragenmantel wies Spuren der Straße auf, und auch der weiche Kalabreserhut, der ihm einen etwas künstlerischen Anstrich gab, schien die Bekanntschaft des gewöhnlichen Erdenstaubes gemacht zu haben.

Das Gesicht war wohl gebildet; zwei feurige dunkle Augen, brünettes Haar und eine fahle Gesichtsfarbe gaben ihm einen etwas fremdländischen Ausdruck. Man hätte ihn für einen Italiener oder Spanier halten können. Um so enttäuschter waren wir, als er sich mit „Bastian Meyer aus Kinzig“ vorstellte. „Schnitt und Kurzwaren, erstes Geschäft am Orte, aber die Seele lebt nur der Kunst, meine Damen, nur der Kunst.“

Bastian Meyer stieg also zu uns ein. Lina und ich, obwohl schon etwas abgekühlt durch das Schnitt- und Kurzwarengeschäft, waren doch voll hochgespannter Erwartung, was die Reise zu dreien jetzt bringen werde. Lina, das kokette Ding, fing natürlich sofort an, sich des hässlichen großen Umschlagtuches zu entledigen, damit ihr neuer grüner Damastmantel und die rote Haube besser zur Geltung kämen. Sie behauptete, es sei ihr zu heiß. Auch der Fußsack musste abgestreift werden, damit man die neuen Saffianstiefel nur ja sähe, die ihr solch kleinen Fuß machten, dass meine Füße wie Elefantenpratzen daneben aussahen.

Der, dem diese Manöver galten, schien aber gar keine Notiz davon zu nehmen. Nachdem er sich hereinkomplimentiert hatte und endlich uns gegenübersaß, kramte er in seinen Taschen eifrig nach irgendetwas, was er sehr nötig zu haben schien, denn sein Gesicht wurde zusehends enttäuschter, röter und erregter.

Er untersucht die rechte Tasche, dann die linke; er greift in die innere Manteltasche, kurz, er untersucht alle nur denkbaren Behälter im Mantel, Jackett und Hose, dreht und wendet sich und die Taschen und befördert alles Mögliche und Unmögliche zu Tag, nur allem Anschein nach nicht das, was er sucht. Da, bei einer erneuten, fast spiralförmigen Drehung des Oberkörpers ein Krach, und schreckensbleich mit dem schmerzlichen Ausruf: „Auch das noch!“ sinkt Bastian Meyer ganz erschöpft auf die fadenscheinigen Polster der Postkutsche zurück. Die dicken Schweißtropfen geben Zeugnis von der gehabten Anstrengung und Alteration. Er wischt sich die Stirn und starrt ganz erschöpft in eine Ecke, bis er plötzlich unseren erstaunten Gesichtern begegnet, die das unterdrückte Lachen jedenfalls nicht gerade geistreich erscheinen lässt.

Da endlich scheint er zu sich zu kommen, und mit verzweiflungsvoller Geste ruft er klagend: „Meine Damen, mein Manuskript, mein Prolog – er ist weg, er ist verschwunden! Ich hatte ihn übernommen, ich bin der schmeichelhaften Aufforderung des Gesangvereins „Humanitas“ gefolgt und habe ein Stück verfasst, ein Stück, meine Damen, es hat mich einen Teil meiner Seele gekostet. Sie finden darin die Gefühlsskala eines Künstlers, der verurteilt ist, in der Prosa des Lebens zu stehen und ...“

Hier stockte er.

„Kurz- und Schnittwaren“, warf ich trocken dazwischen, wofür mich ein strafender Blick traf.

„Ach, *Sie* verstehen mich!“ Damit wendete er sich zu Lina, die ihn mit ihren blauen Vergissmeinnicht-Augen anhimmelte, dass es nicht mehr schön war.

„Ich bin unglücklich, unglücklich. Den Musen habe ich meine innerste Seele geweiht, aber anstatt Apollos Leier zu rühren, bin ich dazu verurteilt, zeitlebens die verdammte Elle zu schwingen. Und jetzt dieses Unglück!“ Hastig fuhr er mit beiden Händen in die Taschen: „Ich habe es übernommen, den Prolog zu sprechen, und nun ... Wo ist er, wo? Er muss mir bei dem Unfall abhanden gekommen sein, vielleicht liegt er gar im Schmutz der Straße. Ich bin verzweifelt, einfach verzweifelt.“

Bei diesen Worten hopste er auf den Polstern hin und her, als sei es mit Nadeln gespickt. Plötzlich ein verdächtiges Krachen, und ein ganz gemeiner beinerner Hosenknopf lag poesielos vor unseren Füßen. Allgemeines Schweigen. Starr vor Entsetzen stierte unser Gegenüber vor sich hin. Sein Gesicht wurde bald purpurrot, bald leichenblass. Wir hatten Mühe, nicht vor Lachen loszuprusten, was denn auch in dem Augenblick nicht mehr zu halten war, da er, hilflos und verlegen uns ansehend, die geistreiche Feststellung machte: „Meine Damen, es ist nur ein Hornknopf!“

Die verzweiflungsvolle Ratlosigkeit unseres Mitreisenden kam ihm aber erst zum vollen Bewusstsein, als er nach ängstlichem Tasten bemerkte, dass sich bei dem ersten Krach wohl schon der Zwillingsbruder des Hornknopfs empfohlen hatte, dem jetzt der letzte Stützpfeiler gefolgt war.

Bastian Meyer, der Musensohn, konnte sich trotz Kurz- und Schnittwaren auf die Dauerhaftigkeit seiner Beinbekleidung nicht mehr verlassen. Ohne Prolog, ohne Hosenknöpfe, was nun? Es war eine höchst peinliche aber zugleich verteufelt komische Lage, wir bissen in unsere Taschentücher, während das Opfer sich drehte und wendete und nicht aus noch ein wusste.

Er tat mir Leid. Ohne mir dabei etwas zu denken, holte ich aus meiner Handtasche Nadel und Faden und sagte, indem ich mich zu der Arbeit anschickte, ganz ruhig: „Wir nähen die Knöpfe wieder an." Lina sah mich an, als ob ich verrückt geworden wäre. Bastian Meyer aber warf mir einen Blick zu wie ein großer treuer Hund, der erst Schläge und dann einen Wurstzipfel bekommen hat.

Aber die Schwierigkeit begann jetzt erst. Zunächst galt es, den langen Taillenrock vorsichtig auszuziehen. Lina lüpfte dann das Jackett sorgsam und diskret, und nun konnte ich energisch darangehen, die beiden Ausreißer wieder dingfest zu machen. Es war allerdings ein sonderbares Beginnen!

Wenn uns meine gute Mutter dabei gesehen hätte, ein Unwetter des Zorns hätte sich über uns nichtsnutzige Mädchen ergossen, die so ohne weiteres in der Postkutsche fremden Mannsbildern Hosenknöpfe annähten. So etwas schickte sich durchaus nicht! Wir sollten überhaupt nicht wissen, dass es Knöpfe an andern Hosen als denen des gestrengen Herrn Vaters gab.

Als nach einer Weile das Werk vollbracht war und die Knöpfe saßen, war Bastian Meyer glücklich, rein glücklich. Dass ein Mensch so leicht zu beglücken ist, hätte ich nie gedacht. Er küsste mir galant die Hand, aber der Lina machte er dabei schmachtende Augen, obgleich sie ihn doch ausgelacht hatte und er bis zum jüngsten Tag in der Postkutsche hätte sitzen bleiben können, wenn er hätte warten wollen, bis sie ihm die Knöpfe angenäht hätte; denn aufzustehen war ihm doch schlechterdings unmöglich.

Es war aber höchste Zeit, denn eben fuhren wir in Gießen ein, und unser Postillion blies gefühlvoll „Nach Sevilla, nach Sevilla". Tante Christine nahm uns gleich bei dem Posthaus in Empfang, so dass der Abschied von Bastian Meyer kurz und schmerzlos verlief. Nachdem er uns noch feierlich beschworen hatte, doch ja am Abend der Aufführung seines Musenkindes beizuwohnen.

Dazu kam es aber nicht. Tante Christine machte einen Strich durch die Rechnung; denn sie hielt den Gesangverein Humanitas nicht für standesgemäß. Wie erstaunte sie aber, als jede von uns am folgenden Sonntag ein kleines Paket erhielt und der Inhalt sich als ein Nähkästchen entpuppte, so elegant und fein, wie man es damals selten zu sehen bekam. Die beigelegten Gedichte ließen wir beide wohlweislich verschwinden; denn die darin angesprochene Dankbarkeit, die von „Rosen" und „Hosen", von „Kopf" und „Knopf" durchsetzt war, hätte ja zu mancherlei unbequemen Fragen Veranlassung gegeben. Tante Christine war so schon entsetzt. „Bastian Meyer, Kurz- und Schnittwaren" – das war keine Partie für ihre Nichten.

Die alte Kaffeekanne

Heute ist Geburtstagsfest bei Tante Luise. Ein großer Tag, einundachtzig Jahre, das ist kein Pappenstiel. Staunend blicken die Kinder auf diese Zahl, und Karlchen meint: „Einundachtzig Lichter, das geht nicht, das ist ja wie hundert Weihnachtsbäume auf einmal."

Nein, einundachtzig Lichter waren nicht angesteckt. Aber der runde gemütliche Tisch war schon festlich gedeckt mit selbstgesponnenem, nicht allzu feinem, aber blütenweißem Damasttuch. Und der prächtige Hyazinthentopf, mit dem wir beide, mein Bruder und ich, schon früh angetreten waren, prangte in der Mitte.

Jetzt dürfen wir helfen, die Herrlichkeiten aus dem alten Glasschrank auszukramen. Das geschah nur zweimal im Jahr, zum Geburtstagsfest und wenn die Tante Kaffeevisite hielt. Die Visite war ein noch gewichtigeres Ereignis als der Geburtstag, zumal dazu regelmäßig eine wirkliche Exzellenz erschien. An diesen beiden ereignisvollen Tagen dienten die alten vergoldeten Tassen einzig und allein ihrer eigentlichen Bestimmung, und wir strahlten, wenn wir zufällig dann auch die Tasse bekamen, die uns besonders gefiel.

Meine Lieblingstasse trug in einem Kränzchen von Rosen und Vergissmeinnicht die Aufschrift: „Aus Liebe". Karlchen dagegen bevorzugte eine andere, bezeichnet „Dem treuen Freunde", weil sie die größte war. Jede Tasse war anders, und jeder sah man es an, dass die Besitzerin eine bestimmte Erinnerung damit verband.

Tante selbst bekam stets ein ganz kleines altes braunes Tässchen, das sicher für sie die schönste Erinnerung barg, doch hat sie uns nie ihre Geschichte erzählt. Wenn wir danach fragten, wurden wir mit einem „Papperlapapp, viel Wissen macht Kopfweh!“ abgefertigt.

„Vorsichtig, damit ihr mir nichts kaputioniert!“, kommandierte sie jetzt, während sie vor dem Schrank kniete und die Seidenpapierchen, die zwischen die einzelnen Stücke gelegt waren, fein säuberlich herausnahm und faltete. Sie war schon in großer Galatoilette, dem dunkelgrünen Baregekleid mit der schwarzseidenen Schürze und den blütenweißen Strümpfen, die unter dem nicht allzu langen Rock hervorlugten.

Lange Röcke liebte die Tante nicht. „Zum Kehren nehm ich den Besen“, pflegte sie zu sagen. Dagegen musste der Rock weit sein und Falbeln haben: „Sonst sieht es aus, als ob man am Stoff sparen müsste, und das ist Bettelmannswirtschaft.“ Die Taille musste eng anliegen, „sonst sieht’s pluderig aus.“ Aber der Stolz und die Freude der Alten war die Haube, und heute war die Galahaube an der Tagesordnung, fein gefältet und mit lila Band kokett garniert, und die grauen Korkenzieherlöckchen pendelten extra sanft und gut gelaunt, als wollten sie sagen: „Heute ist friedselige Stimmung. Einundachtzig Jahre, da wird man ruhiger und stiller.“ Das galt aber bei Tante nur fürs Heute, nicht fürs Morgen.

„Jetzt gebt Obacht! Die Kaffeekanne!“ Damit hob Tante Luise das Prachtstück aus dem Schrank empor, und mit einem Gesicht, als ob ich das Allerheiligste trüge, nahm ich sie ihr ab und stellte sie auf den Tisch. Tante, die sich jetzt aus ihrer knienden Stellung schwerfällig erhoben hatte, beguckte die Kanne von allen Seiten und streichelte sie wie eine Mutter ihr Kind, indem sie leise unverständlich vor sich hinmurmelte. Es klang wie Liebkosungen, und wir Kinder schauten staunend auf das feine Porzellan, das mit Jagdstücken bemalt war. Ein leises Ahnen ging durch unser Gemüt, dass es lebloses Gerät in der Welt gibt, das uns mehr sein kann als eine Augenweide, weil es das Herz mitklingen lässt, da sein Anblick einem Menschen die Vergangenheit mit der Gegenwart verknüpft.

Wir kannten sie alle, die Geschichte der Kaffeekanne, und doch war heute des Quälens kein Ende, nachdem der Tisch fein säuberlich fertig gedeckt war. Jedes Löffelchen leuchtete blitzblank, und jedes Messerchen lag akkurat im selben Abstand; jetzt holte Tante auch die hochgetürmten Kuchenteller und meinte dann: „Na, um eure Fressaugen ein bisschen abzulenken – denn es dauert noch ein Weilchen, bis Tante Minchen und die Geschwisterkindvetterbase Jettchen kommen – will ich euch die Geschichte erzählen, wie meine Eltern zu dem piekfeinen Jagdservice kamen, wovon das hier die Kaffeekanne ist …

Mein Vater war als junger Revierförster angestellt worden und dachte daran, sich seinen Hausstand zu gründen. Die Mutter hatte er sich schon lange zur Hausfrau ausgesucht, und nun sollte die Hochzeit sein. Das Revier des jungen Försters war arg vernachlässigt. Der Vorgänger, ein alter Mann, war schon längere Zeit krank gewesen, und der Forst war sozusagen jahrelang ohne Herrn. Man merkte das hauptsächlich an den vielen Wilderern, die darin ihr Unwesen trieben. Zweie machten besonders dem jungen Förster zu schaffen. Er kannte sie beide, aber es war ihm noch nicht gelungen, sie auf frischer Tat zu ertappen. Es waren wilde verwegene Gesellen, die höhnisch blickten, wenn sie den jungen Forstmann sahen.

Meine Mutter bangte um den Liebsten und beschwor ihn am Abend vor der Hochzeit hundertmal, sich doch vor ihnen in Acht zu nehmen. Aber lachend sagte er ihr schließlich, er wünsche sich, um ihr Ruhe zu verschaffen, die beiden noch vor der Hochzeit in sichern Gewahrsam bringen zu können. Diesem Gedanken nachspinnend, schlug er den Weg nach dem Wald ein.

Das letzte Haus im Dorf, ein Wirtshaus von nicht ganz einwandfreiem Ruf, hatte noch Licht. Ganz instinktiv trat er ein, und siehe, die beiden Verdächtigen sitzen darin, trinken Bier und rauchen ihre Pfeifen. Die Gewehre stehen ganz frei an der entgegengesetzten Wand, während ein wohlgefüllter Sack zwischen ihnen liegt. Schnell übersieht der junge Förster dies alles, die verblüfften Gesichter der beiden sagen außerdem genug. Sie hatten sich gerade heute Abend sicher gefühlt, da es ja im Dorf bekannt war, dass der Förster tags darauf Hochzeit halten sollte.

Schnell entschlossen sprang mein Vater vor die Wand, an der die Gewehre lehnten, und forderte sie auf, den Sack zu öffnen. Zum Überfluss gewahrte er in diesem Augenblick, dass sogar der Lauf eines Rehes an einer Seite hervorsah. Da die beiden aufsprangen und sich nicht ergeben wollten, sondern mit den Messern auf ihn eindrangen, hob er die Flinte, schlug an, schoss und machte den einen kampfunfähig, doch hatte der andre ihm in diesem Augenblick verschiedene Stichwunden beigebracht. Mit seiner letzten Kraft warf mein Vater die Flinte weg und sich selbst auf seinen Angreifer und hielt ihn an der Kehle fest, bis ihre Kräfte beide verließen.

Todwund wurde der Förster, von Messerstichen durchbohrt, seiner Braut ins Haus gebracht. Die beiden Kumpane waren im Gewühl mit Hilfe des sauberen Wirtes entwischt, doch mussten sie der erhaltenen Wunden wegen zum Dorfbader und entgingen der gerechten Strafe nicht.

Für meine Eltern folgten schwere Wochen. Mein Vater hatte einen Messerstich in die Lunge davongetragen und lag lange ohne Bewusstsein. Treu pflegte ihn meine Mutter, und in ihrer Liebe gelang es, ihn durch all die schweren Fieberstunden hindurchzuführen bis zur Genesung. Als nach langen Wochen die Hochzeit war, da trug der junge bleiche Mann den Arm noch in der Binde, und sein treues Weib musste ihn führen. Aber strahlenden Auges kamen die beiden Leute, die sich durch die gemeinsame Not und Sorge jetzt doppelt verbunden fühlten, aus der Kirche. Das ganze Dorf nahm an ihrem Ehrentage teil, so dass es dem Halbpatienten des Guten fast zu viel wurde und die junge Frau schließlich die Türe schloss.

Wie erstaunten aber die Eheleute, als es spät am Abend nochmals schellte. Ein Bote vom Fürsten kam und gab ein ansehnliches Paket ab. Die beiden trauten kaum ihren Augen, als der Inhalt sich als ein wundervolles Kaffeeservice entpuppte. Jede Tasse und jedes Stück war mit Jagdmalereien in den schönsten Farben verziert. Dabei lag ein Schreiben des hohen Herrn, worin er den jungen Beamten ob seines tapferen Verhaltens lobte und den Eheleuten Glück und Segen wünschte. Das war eine große Freude, und fortan war das Jagdservice der Stolz der Hausfrau und wurde in Ehren gehalten wie das kostbarste Stück im ganzen Haus – und das war es auch. Dies hier ist die Kaffeekanne davon.“

Mit diesen Worten schloss Tante Luise ihre Erzählung.

„Und die andern Sachen, Tante, die Tassen, die Zuckerdose, sind die kaputt gegangen?“, fragte ich harmlos.

„Kaputt gegangen“, echote der kleine Karl verständnisvoll.

Da fuhr aber die Tante auf uns los. „Kaputt gegangen! So etwas und kaputt gegangen! Was denkt ihr denn, ihr Kindergezeug? Bei euch muss alles kaputt gehen! Nein, nach unserer seligen Eltern Tod, da haben wir sie verlost. Wir waren elf Kinder, jeder hat etwas gekriegt. Freilich, der eine oft nur Obertassen, der andere Untertassen, aber ich, ich habe die Kaffeekanne gezogen, und das war das Beste! Und jetzt trinken wir Kaffee daraus!“

Damit hob Tante Luise, des Wartens auf die säumigen Gäste müde, den Kaffeewärmer auf und schenkte uns den braunen Trank ein. Nachdenklich stippte ich mein erstes Stück Kuchen in die Tasse „Aus Liebe“. Irgendetwas am Schluss der Geschichte stimmte mir nicht; die Kaffeekanne sah mich plötzlich so verwaist an.

Zehn Jahre später kam sie durch meine Hand als Geschenk dahin, wo noch die Reste des alten Jagdservices lebten.

Der Hirschdukaten

„Durch die Dukaten ward ich verraten“, so lasen wir mühsam auf der alten Goldmünze, die uns die Großtante heute zeigte.

„Das ist ein Hirschdukaten“, erklärte sie uns und deutete auf das Bildnis des Hirschen, das auf der andern Seite geprägt war. „Den Hirschdukaten erhielten vor Jahren die Jäger vom Landgrafen, wenn sie ihm den Stand oder Wechsel eines Hirschen ausgemacht hatten. Diesen hier hat sich euer Urahn auf ganz absonderliche Art erworben. So steht's in einem alten Büchlein geschrieben, und da wird es wohl auch wahr sein.

Der Ururgroßvater, das war ein einfacher Geißbub, der im Sommer seine Geißen hütete und auch im Winter, obgleich er eigentlich musste, nicht oft zur Schule ging. Den Wissenschaften blieb er sein Lebtag abhold, aber in andern Sachen, da wusste er verdächtig gut Bescheid. Der Vater war früh gestorben, die arme Witwe musste stramm verdienen, um sich und den Jungen durchzubringen. So war sich der Bub viel selbst überlassen, was ihn aber wenig kümmerte. Er fand schon Unterhaltung. Er wusste in Wald und Flur sich zu vergnügen und seine Geißen waren seine besten Freunde. Er kannte in der Nähe des Dorfes jeden Baum und Strauch, jedes Nest darauf, und fand die Spur von Hirsch und Reh, Fuchs und Marder, ohne dass es ihn jemand gelehrt hatte.

Waldläufer nannten ihn die Buben im Dorf, aber nur so heimlich hinter seinem Rücken; denn er war ein starker Bursche, und Händel suchte deshalb so leicht keiner mit ihm. In der Schule freilich, da ging es ihm schlecht, und deshalb blieb er weg, wann er nur konnte. Die kleine Christel, die half ihm manchmal, wenn er sinnierend vor der Schiefertafel saß und nicht weiter wusste. Sie war die Einzige im Dorf, die den Waldläufer leiden mochte; sie war eben auch ein Waldkind und freute sich, wenn er die Vogelstimmen so täuschend nachahmte, dass die kleinen gefiederten Gesellen Antwort gaben, oder wenn er Flöten schnitzte oder was dergleichen Künste mehr waren.

Die kleine Christel umgekehrt imponierte dem großen Burschen gar sehr, weil in dem blonden Köpfchen das Einmaleins so fest saß, dass hurtig die Lösung der schwierigsten Aufgaben auf der Schiefertafel zu lesen war. Er stand dann daneben, die Fäuste männlich in die Hosentaschen vergraben, und blies verlegen die Backen auf, was so viel heißen sollte wie: „Ja, wenn ich nur wollte, so könnte ich's auch!"

Des landgräflichen Leibschützen und Waldhüters Kind war ein liebliches Ding, blonde Zöpfe und dunkle Kirschenaugen, die hell in die Welt schauten, zierlich wie ein Rehlein und flink wie ein Wiesel. Als Älteste von sechs Geschwistern half sie schon früh ihrer Mutter, wo sie nur konnte, und bemutterte nebenher den großen Freund und die kleinen Geschwister, ohne dass sie's recht wusste.

Als die Kinder aus der Schule kamen und eingesegnet waren, da wurde die Sache nicht viel anders. Der Waldläufer musste sich bei einem Bauern verdingen und war dort bald wegen seiner starken Arme auch geschätzt – im übrigen aber, weil er sich nichts sagen ließ und sich oft stundenlang im Wald herumtrieb, wenig beliebt und misstrauisch bekrittelt.

Christel hielt zu ihm durch dick und dünn. Sie kannte auch seine geheimsten Wünsche, die darin gipfelten, ein Waldhüter und Jäger zu werden. Das aber war nicht leicht und für den ehemaligen Geißbuben schier unmöglich. Da starb eines Tages seine alte Mutter. Nun hielt ihn nichts mehr im Dorfe. Er schloss das kleine Häuschen zu, packte sein schmales Bündel und zog von dannen, nicht ohne am Jägerhäuschen vorher zwei dunkle Augen weinen zu sehen und ein blondes Köpfchen ans Herz zu drücken.

„Bleibst mir treu, Christel, gelt? Ich komme wieder!"

Christel versprach's und hielt's. Trotz ihres Vaters Toben

und trotz der Mutter Klagen zog mancher schmucke Freier mit langer Nase ab, und die Wildhütersdirn war bald als hochnäsig verschrien in der ganzen Umgegend. An den Waldhüter dachte keiner mehr außer seinem blonden Liebchen. Das wartete geduldig, dass er Wort hielte und wiederkäme. Als nach Jahr und Tag vorm Häuschen wirklich ein Amselpfiff, den sie so gut kannte, dreimal hintereinander ertönte, da flog das Mädchen mit roten Wangen aus der Küche in die Arme des braunen Burschen, der sie ihr glücklich entgegenbreitete.

Dass der gestrenge Vater Leibschütz gerade aus dem Wald trat, um nach Hause zu gehen, das hatte in der Aufregung keines von den beiden Liebesleuten gemerkt. Da gab's aber ein gewaltiges Donnerwetter. Als der Bursche dann treuherzig von seinen ersparten Groschen sprach und bat, ihm, der jetzt fleißig schaffen wollte, das Mädel zur Frau zu geben, da war ein Hohnlachen die einzige Antwort. Des hochfürstlichen Leibschützen Tochter und der Waldläufer – eine solche Verbindung wollte dem Vater nicht in den Sinn. Ergrimmt vor Wut wusste dieser nicht, was er tat: Er griff in die Tasche und zog einen goldenen Hirschdukaten hervor, warf ihn auf den Tisch und rief: „So sicher, als du niemals einen solchen Dukaten verdienst, so sicher kriegst du mein Mädel nicht zur Frau!"

„Aber für einen Dukaten ist Euch Eure Tochter feil?", fragte der Waldläufer schnell.

Hohnlachend schlug der Leibschütz auf den Tisch. „Leg mir einen selbst verdienten Hirschdukaten hin, und meine Tochter ist dein!"

Da griff der Waldläufer nach seiner Mütze und ging.

Verblüfft schaut ihm der Wildhüter nach: „Wohin?"

„Den Dukaten verdienen“, war die rasche Antwort, und gellend schallte das Gelächter des Leibschützen hinter dem Davoneilenden her.

„Sei ruhig, Christel, ich krieg dich doch, für einen Dukaten kauf ich dich!“ Tröstend drückte er im Hinausgehen dem weinenden Liebchen die Hand, das ihn verständnislos anschaute.

Einige Tage später war große Parforcejagd angesetzt, und alles war bereit. Man wartete nur auf den Landgrafen selbst, der noch erscheinen sollte. Das Gefolge war vollzählig versammelt, die Meute zerrte vor Ungeduld an der Strippe, und alles sah nach dem Hirschgespann aus, mit dem der die Jagd über alles liebende Landgraf zu fahren pflegte.

Endlich erscheint der wohl bekannte Wagen, aber merkwürdigerweise langsamer als sonst. Da plötzlich fällt ein Schuss, und der Fürst, den man schon deutlich sitzen sah, fällt vornüber. Entsetzen lähmt einen Augenblick die ganze Gesellschaft; dann stürzt alles auf das Gefährt zu, und siehe, eine leblose Puppe liegt wohl getroffen in dem Wagen, während einem zweiten schnell hinterher folgenden Gefährt der Landgraf wohlbehalten entsteigt.

Kurz vor der Abfahrt des Fürsten hatte sich ein junger Mann im Schloss melden lassen, der dringend bat, der Landgraf möge heute nicht mit den Hirschen fahren, sondern eine ausgestopfte Puppe hineinsetzen lassen, da ihm Gefahr drohe. Er habe auf seiner Wanderschaft Zigeuner belauscht, die einen Anschlag auf des Fürsten Leben geplant hätten, weil er sie aus dem Lande ausgewiesen habe. Der nächste Jagdtag sei zur Ausführung des ruchlosen Planes ausersehen. Der Landgraf hatte zögernd dem Drängen des Burschen nachgegeben.

Wie gut der Rat gewesen war, das hatten alle jetzt eingesehen, und lustig nahm die Jagd mit dem geretteten Herrscher ihren Verlauf.

Als am andern Tag der Bursche vor seinem Fürsten stand, da sagte ihm dieser: „Bitte dir eine Gnade aus, du hast mir das Leben gerettet!"

„Einen Hirschdukaten", antwortete dieser, ohne sich zu besinnen.

„Einen Hirschdukaten?", wiederholte zögernd der Fürst. „Was willst du damit anfangen? Wähle dir etwas andres, mein Sohn."

„Ich brauche nur einen Hirschdukaten!", entgegnete der Waldläufer – denn er war es – eigensinnig.

Darauf der Landgraf: „Das ist ja lächerlich, was hilft er dir? Außerdem kann ich ihn dir nicht geben. Einen Hirschdukaten bekommen nur meine Jäger und Leibschützen."

„Ich habe keinen Wunsch als einen Hirschdukaten", erwiderte abermals der störrische Bursche.

Forschend sah ihn der Landgraf an. „Was willst du damit?"

„Mir eine Frau kaufen!"

„Wie?", fragte zweifelnd der Landgraf. „Du bist wohl nicht ganz richtig im Kopf?"

„O doch", meinte schmunzelnd der Waldläufer, und stockend kam die Geschichte seiner Liebe heraus, und dass er den Hirschdukaten brauche, um dem Herrn Leibschützen die Tochter abzukaufen.

„Das ist ja einzig", lachte fröhlich der Landgraf, „den Hirschdukaten sollst du haben. Und weil ich ihn eigentlich nur einem Leibschützen oder Wildhüter zu schenken pflege, so bist du von heute an landgräflicher Leibschütz. Zur

Hochzeit und Kindtaufe werde ich aber eingeladen, hörst du!“

Fröhlich steckte der Waldläufer den dargereichten Hirschdukaten ein, und dankbar küsste er dem gnädigen Herrn die Hand.

Christel weint spät abends in ihrem Kämmerlein. Horch, klopft es nicht leise am Fenster? Zögernd öffnet sie den Laden. Da vernimmt sie ganz leise den Amselpfiff, und gleich darauf taucht das glückliche Gesicht des Waldläufers vor ihr auf. Sie schlägt die Hände zusammen. Was sieht sie in seiner Hand? Einen Hirschdukaten! Und leise erzählt er ihr die ganze Geschichte.

„Gute Nacht, Frau Leibschütz! Morgen kaufe ich mir Sie!“ Übermütig küsst er den kleinen Mund, und leise schließt das glückliche Mädel das Fenster.

Heute schlägt der Herr Vater nicht auf den Tisch. Er steht stumm und sprachlos, nimmt schließlich der Tochter Hand und legt sie in die braune des Waldläufers. Und als das im Dorf bekannt wird, und die neugierigen Nachbarn kommen, da sagt er stolz: „Mein Schwiegersohn, der Herr Leibschütz, hat seiner hochfürstlichen Durchlaucht, dem Herrn Landgrafen, das Leben gerettet.“

Der Waldläufer aber neckt noch Jahr und Tag sein Weib mit dieser Geschichte. Und wenn es mal anders will als er, so ruft er: „Ruhig, Alte, sonst verkauf ich dich wieder für einen Hirschdukaten!“

Alfred Bock

Die Messfahrt

Der Regen klatscht in breiten Güssen an die Fensterscheiben, der Sturmwind singt sein raues Lied, und die Berge haben sich grollend in düstere Wolken gehüllt. Kinder, ein abscheuliches Wetter! Unsere Bergfahrt ist zu Wasser geworden. Knurrt und murrt nicht, rückt zusammen, ich will euch zur Kurzweil eine Geschichte erzählen. Wollt ihr? Aber seid fein still, und die Ohren gespitzt ...

Ihr alle kennt die Himmelspforte auf dem Kreuzplatz, jenes wunderliche, alte Haus mit dem stolzen Giebel und dem reichen Schnitzwerk, in dem Herr Jodokus Schmitz seinen schwunghaften Handel in Kolonialwaren betreibt. Vor dreißig Jahren hauste darin der Lederhändler Josef Wittgenstein. Ich hatte damals schräg gegenüber in der Pelikanapotheke mein Quartier und sah tagtäglich den fleißigen Mann von früh bis spät in seinem Laden hantieren. Die Firma Wittgenstein hatte unter den Handwerkern einen guten Klang, und von weit und breit kamen die Schuhmachermeister herbei, ihr Leder und allerlei Artikel, die sie für ihr Geschäft brauchten, bei Josef Wittgenstein zu kaufen. Während dieser redselig, freundlich und gewandt die Geschäfte im Laden abwickelte, hielt seine Frau im Hinterstübchen ein Schälchen Kaffee bereit, und wenn ein guter Kunde kam, ward dabei ein feiner Kümmel kredenzt. Nicht ohne Anwandlung von Neid behaupteten die Nachbarn: „Der Wittgenstein hat Geld wie Heu, passt einmal Acht, der wird eines Tages als Rentier (Rentner) auftreten und wird euch allen ins Gesicht lachen!"

Herr Wittgenstein ließ die Leute reden, erfüllte gewissenhaft seine Staatsbürgerpflichten und ging mit reger Lust seinen Geschäften nach. Ich war bei Gelegenheit mit ihm bekannt geworden und hatte – was nicht leicht war – sein volles Vertrauen gewonnen. Er weihte mich in die Geheimnisse des Ledergeschäfts ein, er zeigte mir mit großem Stolze seine ansehnlichen Warenvorräte und entwickelte seine Geschäftsprinzipien, die sich seit Jahrzehnten aufs Glänzendste bei ihm bewährt hatten. Eines schönen Abends nach einem Markttag, der seine Kasse durchaus gefüllt hatte, bat er mich in rosigster Laune, ein Viertelstündchen mit ihm in seinem „Studierzimmer" zu verplaudern. Ihr lacht? Jawohl, in seinem Studierzimmer. Spart euren Spott, ihr sollt meinen Freund erst kennen lernen.

Das Studierzimmer lag im ersten Stock, abseits vom Lärm der Straße, dem Hof zugekehrt. Ein mäßig großer Raum, die Wände waren mit einer dunklen Ledertapete bekleidet, die ganze Einrichtung bestand aus einem kunstvoll gearbeiteten Schreibtisch, ein paar plumpen Stühlen aus schwerem Eichenholz und einem riesigen Glasschrank, dessen sämtliche Gefache über und über mit Büchern voll gepfropft waren. Indes ich staunend die literarischen Schätze des Herrn Wittgenstein in Augenschein nahm, hielt er selbst eine kleine Rede an mich, die in ihrer Art vollendet war:

„Sie wundern sich, dass ich so viel Bücher hab'? Sehen Sie, das ist mein Steckenpferd. Wenn die andern Staatsbürger abends ihren Skat klopfen und ihre Dippchen trinken, sitze ich hier oben und les'. Da bin ich wenigstens in guter Gesellschaft. Gucken Sie, da neben steht der Goethe. Den hab ich in drei Ausgaben. Genug, nicht wahr? Auf den hab ich's gepackt. Der hat den Kopf auf dem rechten Fleck, 's ist gar nicht nötig, dass man alles versteht, was er geschrieben hat. Da bleibt doch noch genug übrig für unsereins. Der Mann hat das Leben gekannt, hoch und niedrig, alle Ständ'. Und man kann nicht anders sagen, er hat Respekt vorm Kaufmannsstand gehabt, denn der Wilhelm Meister war ein Kaufmann, wenn auch ein verdorbener. Da drüben steht der Lessing und der Schiller natürlich. Hier im untersten Gefach muss sich der Walter Scott mit dem Heinrich Heine vertragen. Merkwürdig, über den Heine schimpfen sie in einem fort. Aber er ist doch ein kostbarer Kerl, und manchmal muss man sich den Bauch vor Lachen halten, wenn man seine Bosheiten liest."

Ich wagte die bescheidene Frage, ob Frau Wittgenstein an den ästhetischen Leseabenden teilnehme. „Gott behüt", lautete die Antwort, „da oben links steht dem Hippel sein Buch über die Ehe. Das hab ich ihr einmal vorgelesen, da hat sie drei Tage lang Kopfschmerzen gehabt und hat acht Nächt' aus dem Schlaf geschwätzt. Mein Leben nicht wieder. Nee, meine Frau ist nicht für die Sachen."

Herr Wittgenstein wäre dessen ungeachtet ein glücklicher Ehemann gewesen, wenn ihn seine Frau nicht unablässig mit einer krankhaften Eifersucht verfolgt hätte. „Die Bücher", war ihre stehende Redensart, „haben ihm den Kopf verrückt gemacht. Da guckt er jed' Weibsbild mit schlechten Gedanken an. Ja, wenn er Kinder hätt', da täten ihm die Späß' vergehn. So hat er nur für seine Narrheiten zu sorgen!"

Ich war überzeugt, dass Herr Wittgenstein ganz unschuldig unter der Eifersucht seiner Frau zu leiden hatte. Zwar gab es boshafte Schwätzer, die stichelten, er sei in seiner Jugend ein Luftikus gewesen und habe manchem jungen Mädchen den Kopf verdreht, aber die Sturm- und Drangperiode lag sternweit hinter ihm, er hatte die Fünfzig überschritten und führte einen musterhaften Lebenswandel. „Ich habe mein Päckchen zu tragen“, klagte er mir oft, „wenn eine anständige Schuhmachersfrau in den Laden kommt, kann ich mich gar nicht blicken lassen. Ein, zwei höfliche Worte, und meine Frau speit Gift und Galle. Und ehe ich im Frühjahr auf die Frankfurter Ledermesse komm, hab ich mit meiner Frau zu kämpfen, der Kampf mit dem Drachen ist nichts dagegen.“

Die Messfahrt, die Herr Wittgenstein alljährlich unternahm, warf wochenlang ihre Schatten voraus. Frau Wittgenstein ward von einer tödlichen Angst verzehrt, ihr Mann könne auf der Messe an Leib und Seele Schaden nehmen und eines Tags über einem galanten Abenteuer Weib, Haus und Hof vergessen.

Und es geschah wieder einmal, dass Herr Wittgenstein nach Frankfurt auf die Messe fuhr. Ich traf ihn auf dem Bahnhof. Er lächelte still vergnügt vor sich hin, die wohl gefüllte Geldtasche tanzte auf seinem Bäuchlein, und mit elastischen Schritten schwang er sich in sein Abteil dritter Klasse! „Auf nach Valencia! Adje, Herr Nachbar!“

Der muntere Passagier ließ die Blicke über die heitere Landschaft schweifen und stellte im Vorgefühl der kommenden Dinge sein Programm für die Frankfurter Tage zusammen. Die Geschäfte nahmen ihn dort tagsüber nur wenige Stunden in Anspruch, und er hatte Zeit genug, die Freuden der Großstadt zu genießen. Der Besuch des Theaters dünkte Herrn Wittgenstein der Gipfel höchster Seligkeit; und bescherte ihm das Repertoire gar einige Trauerspiele, so geriet er in eine Erregung, die seinen ledernen Messkollegen vollständig unverständlich war. Einmal hatte er zwei bayrische Lederhändler vermocht, ihn in den Hamlet zu begleiten, er hatte aber für diesen „verlorenen Abend" so viel Vorwürfe und Grobheiten einstecken müssen, dass er sich ein für alle Mal hütete, seinen Messfreunden klassische Bildung beizubringen, und nun seine Schwärmerei fürs Theater wenigstens auf der Ledermesse wie ein stilles Geheimnis in bewegter Seele trug.

„Wenn ich im Theater sitze", vertraute er mir einmal an, „gehen mir im ersten Akt meine Frau, die Lederpreise und die Gemeinderatswahlen im Kopf herum, aber im zweiten Akt bin ich Ihnen bei der Sache, da verlier ich Ihnen kein Wort, da können Sie sich drauf verlassen. Und dann muss ich mich mit jemand aussprechen können, das ist mir Bedürfnis. Bei der Gelegenheit hab ich schon die vornehmsten Bekanntschaften gemacht, denn ich nehme immer einen guten Platz. Man soll nicht auf 'ne Mark sehen, wenn man fürs Herz und Gemüt etwas profitieren kann."

Der Zug, der Herrn Wittgenstein trug, näherte sich seinem Ziel. In Friedberg stieg eine hübsche, junge Frau mit einem drallen Buben auf dem Arm in das Abteil, das Herr Wittgenstein bisher allein innegehabt. „Nach meiner Frau ihrer Lesart", dachte er, „befänden wir uns da schon vis-à-vis vor einem Abenteuer." Und seine Blicke streiften die beiden Fahrgäste. „Ein hübsches Frauchen, und der Bub hat rote Backen wie ein Borsdorfer Apfel."

Nach einer Weile überlegte er: „Wir haben noch eine gute Stund bis Frankfurt, und wenn man sich unterhält, wird einem die Zeit nicht so lang." Er rückte auf seiner Bank seitwärts in der Richtung seiner schönen Reisegefährtin. „Darf man fragen, Madamchen, wohin die Reise geht?" Die junge Frau warf ihm einen erstaunten Blick zu, würdigte ihn gar keiner Antwort und machte sich mit ihrem Kind zu schaffen. „Die ist aber stolz", kalkulierte Herr Wittgenstein und nahm in einiger Verlegenheit wieder seinen alten Platz ein. „Wegwerfen tun wir uns nicht", beschloss er, indem er sich steif in die Höhe richtete und gleichgültig an die Fensterscheiben trommelte. Das Bübchen aber, das Herrn Wittgenstein freundlich zulächelte und ein über das andere Mal „Papa" rief, vermittelte schließlich doch die Bekanntschaft.

„Ich habe keine Kinder", wandte sich Herr Wittgenstein aufs Neue an die Dame, „aber ich kann mir denken, so ein Kerlchen macht einem viel Spaß. Wie alt ist er denn?" – „Vierzehn Monate", sagte die junge Mutter und fügte hinzu, „er ist sehr wild, man kann ihn keine Minute ohne Aufsicht lassen."

Allmählich trat sie aus ihrer Zurückhaltung etwas heraus. Herr Wittgenstein erfuhr, dass sie mit dem Kleinen nach Frankfurt reise, dort ihren Mann, der aus Österreich komme, zu erwarten.

„Aha, der Herr Gemahl ist auf einer Geschäftsreis'?", fragte Herr Wittgenstein.

„Ach nein", lächelte die Frau, „mein Mann ist Künstler."

„Was, Künstler?", rief Herr Wittgenstein begeistert. „Das ist mir ja sehr interessant."

„Sind Sie vielleicht auch ... ?", forschte die schöne Reisende.

„Ach nein", entgegnete Herr Wittgenstein geschmeichelt, „ich bin ein ganz ordinärer Lederhändler, der eben auf die Mess fährt, aber für die Kunst lass ich mein Leben."

„Mein Mann", erzählte die Künstlersgattin, „war seither

Charakterdarsteller an einer großen Bühne. Er hat sich mit der Intendanz überworfen. Jetzt nimmt er gar kein festes Engagement mehr an. Er macht nur noch Gastspielreisen."

Als Mann von Bildung zog Herr Wittgenstein die Frankfurter Theaterverhältnisse in den Bereich der Unterhaltung. Er kannte das Personal des Stadttheaters ziemlich genau, und aus mancherlei Andeutungen, die er machte, schloss die Frau des Charakterdarstellers, dass er in Frankfurt sehr gut unterrichtet sein müsse. Als der Zug in die Halle des Hauptbahnhofes einfuhr, fragte sie ihn, ob er ihr einen Gasthof empfehlen könne, wo sie mit dem Kleinen ein gutes, nicht zu teures Quartier finde.

„Ich wohne im Sächsischen Hof", diente Herr Wittgenstein, „da bin ich Stammgast, und wenn ich Sie hin empfehl, haben Sie jedenfalls bei zivilen Preisen ein behaglich Unterkommen."

„Es ist sehr freundlich von Ihnen", dankte die junge Frau.

„Sie können ja gleich mitfahren", meinte Herr Wittgenstein, „da sparen Sie die Droschke. Ich muss doch einen Wagen nehmen."

Sie schien zu überlegen, ob sie von dem Anerbieten ihres Ritters Gebrauch machen solle. Aber schon fuhr eine Droschke vor, Herr Wittgenstein nötigte zum Einsteigen, und die Rosinante zog an. Plötzlich bat die Künstlerin anhalten zu lassen.

„Was haben Sie denn, Madamchen?", fragte Herr Wittgenstein besorgt.

„Lassen Sie mich aussteigen. Es geht wirklich nicht, mein Herr. Ich bin Ihnen sehr dankbar, aber was sollen die Leute denken, wenn ich mit Ihnen ankomme? Ich bitte Sie, lassen Sie mich aussteigen.“ Sie sprach sehr hastig, sie war ganz blass geworden, und ein nervöses Zittern lief durch ihren Körper.

„Aber um Himmels willen, Madamchen“, begütigte Herr Wittgenstein, „für was halten Sie mich denn? Ich könnte ja zweimal Ihr Vater sein. Im Sächsischen Hof kennt mich sozusagen jede Gabel. Da wird kein Mensch etwas drin finden.“

„Ich glaube Ihnen, mein Herr, aber ich bitte Sie dringend, lassen Sie mich aussteigen.“

„Wie Sie wollen, meine Dame, ich will mich beileibe nicht aufdrängen. Aber, offen gestanden, hätt' ich mich doch noch gern Ihnen gegenüber im Sächsischen Hof legitimiert, damit Sie wissen, mit wem Sie's hier zu tun haben.“ Herr Wittgenstein war verletzt.

„Ich habe Sie wahrlich nicht beleidigen wollen“, versicherte die Dame, „ich halte Sie für einen vollkommenen Ehrenmann. Ja, ich könnte zu meinem Vater nicht mehr Zutrauen haben.“

„No, da nehmen Sie doch Vernunft an“, polterte Herr Wittgenstein heraus. „Wir sind übrigens gleich da. Und wenn Sie so ängstlich sind, werde ich Sie als meine Tochter vorstellen und Ihren Bub als mein Enkelchen. Unter der Flagge können Sie beruhigt Ihren Einzug halten: Sie sollten einmal sehen, wie nobel Sie behandelt werden.“

„Ich muss aber entschieden gegen diesen schlechten Scherz protestieren, mein Herr! Sie zwingen mich, Sie Lügen zu strafen.“

„No, ich lass es einmal drauf ankommen, Madam. Sie haben viel gut zu machen. Und was glauben Sie denn? Ich hab' auch meinen Dickkopf.“

In diesem Augenblick hielt die Droschke vor dem Portal des Gasthofs. Die Herrschaften wurden von dem Personal in Empfang genommen und vom herbeieilenden Wirt ehrerbietigst begrüßt.

„Ich krieg doch mein alt Zimmer, Herr Melchior?", fragte Herr Wittgenstein mit der Sicherheit eines Mannes, der sich im Sächsischen Hof zu Hause fühlte.

„Gewiss, Herr Wittgenstein", antwortete der Wirt höflich, „Sie bekommen Zimmer Numero 7, wie gewöhnlich."

„Und meiner Tochter geben Sie ein hübsches, ruhiges Zimmer, damit das Kind nachts nicht gestört wird."

„Jean", befahl Herr Melchior dem Oberkellner, „für die Dame Numero 17."

„Und hier haben Sie meine Geldtasche", wandte sich Herr Wittgenstein an den gefälligen Wirt, „heben Sie die gut auf."

Während Herr Melchior die Geldtasche in Empfang nahm und der Oberkellner die junge Frau mit ihrem Büblein in ihr Zimmer geleitete, studierte Herr Wittgenstein den Theaterzettel, der im Flur des Gasthauses aushing.

„Donnerwetter, heut' Abend ‚Die Räuber'", triumphierte unser Kunstenthusiast, „die versäumen wir nicht. Johann!" Der Hausknecht kam herbei.

„Holen Sie mir sofort zwei gesperrte Sitz für die Räuber. Die Kass' ist jedenfalls schon offen." Johann verschwand.

„Als Frau von einem Schauspieler", sprach Herr Wittgenstein vor sich hin, „wird sie sich den Genuss nicht entgehen lassen. Die Räuber steigen einem in den Kopf wie Schaumwein. Und da hab' ich eine gebildete Person, mit der ich mich aussprechen kann. Das ist auch etwas wert."

Eine Viertelstunde später trug er sich schmunzelnd in

das Fremdenbuch des Gasthofs, das ihm der Oberkellner überreichte, ein: „Wittgenstein, Lederhändler, mit Tochter und Enkelchen aus Hessen."

„Wenn das meine Frau wüsst'", lachte er gemütlich, „wie ich in zwei Stunden Vater und Großvater geworden bin, tät sie mir die Augen auskratzen. Übrigens kenn' ich das Glück nicht, Kinder zu haben. Und darum nehm' ich mir die Freiheit, einmal hier in Frankfurt den improvisierten Familienvater zu spielen. Und ich werd' dafür sorgen, dass ich nicht aus der Roll' fall'."

Über der alten Kaiserstadt am Main stieg der junge Tag empor. Trotz der frühen Morgenstunde drängte durch die enge Fahrgasse eine geschäftige Menge, die Magazine wurden geöffnet, Kauflustige gingen ab und zu, und Handel und Wandel, die über Nacht geruht hatten, traten aufs Neue in ihr Recht. In der ganzen Breite seines mächtigen Körpers stand Herr Melchior, der Besitzer des Sächsischen Hofs, in der Einfahrt seines Hauses und sog, ein Liedchen trällernd, mit vollen Zügen die erquickende Morgenluft ein. Eben überschlug er den Gewinn, den er während der Messtage einzuheimsen gedachte, als die Tochter des Herrn Wittgenstein, zum Ausgehen gerüstet, mit freundlichem „Guten Morgen" an ihn herantrat.

Herr Melchior verbeugte sich artig. „Ei, ei, das nenn' ich aber früh, Madam!"

„Ich pflege stets früh aufzustehen", sagte sie energisch. „Ich will ein paar Einkäufe machen. Können Sie mir vielleicht ein gutes Weißwarengeschäft empfehlen?"

Herr Melchior nannte eine Firma auf der Zeil.

„Geben Sie mir Papas Geldtasche", bat die junge Frau. „Ich muss wechseln lassen."

Herr Melchior holte schleunigst die Geldtasche des Herrn Wittgenstein aus seiner Kassette und händigte sie der hübschen Tochter seines Gastes aus.

„Sagen Sie Papa, spätestens in einer Stunde sei ich wieder zurück. Er soll mit dem Frühstück warten.“ Und dann empfahl sie sich und schlug die Richtung nach der Zeil ein.

Herr Melchior schaute ihr mit unverhohlener Bewunderung nach. „Eine angenehme, saubere Person. Und ein forsches Auftreten! Wahrhaftig, sie kann's mit einer Frankfurterin aufnehmen und kommt aus einem kleinen Nest!“

Gegen acht Uhr verließ Herr Wittgenstein sein Zimmer und kam in gehobener Stimmung die Treppe herunter.

„Guten Morgen, Herr Melchior!“

„Wünsche wohl geruht zu haben, Herr Wittgenstein!“

„Bei meiner Tochter rührt sich noch nichts. Ich hab' einmal an die Tür geklopft.“

„Ihre Frau Tochter ist bereits ausgegangen. Sie macht Einkäufe. In einer Stunde will sie wieder hier sein. Sie möchten mit dem Frühstück gefälligst warten.“

„Guck einmal an“, sagte Herr Wittgenstein, „das nenn' ich mit der Sonn' aufgestanden. No, sie hat Recht, Morgenstund' hat Gold im Mund. Was ich sagen wollt', Herr Melchior, geben Sie mir doch meine Geldtasch'.“

„Ihre Geldtasche?“, rief der Gastwirt einigermaßen verwundert. „Ja, die hat Ihre Frau Tochter mitgenommen. Sie wollte wechseln lassen.“

„Wer? Was?“, stotterte Herr Wittgenstein, und sein Gesicht war plötzlich aschfahl geworden. „Wie kommen Sie denn dazu, der Person meine Geldtasch' zu geben?“

„Der Person? Herr Wittgenstein. Ich glaube, Sie träumen. Ihre Frau Tochter hat die Geldtasche ausdrücklich von mir verlangt, und ich habe durchaus keine Veranlassung gehabt, sie ihr zu verweigern."

„Das wird sich finden", stieß Herr Wittgenstein hervor, „um Gottes willen, fünftausend Mark!"

Er wankte, Herr Melchior führte ihn rasch in sein Geschäftszimmer.

„Was haben Sie denn, Herr Wittgenstein, sind Sie nicht ganz wohl?"

„Wie können Sie sich denn unterstehen, der Person mein Geld zu geben?", brauste Herr Wittgenstein auf.

„Ja, ich begreife Sie nicht. Wenn Sie Ihrer eigenen Tochter so wenig Zutrauen schenken ... "

„Dummes Zeug! 's ist ja gar nicht meine Tochter!", schrie Herr Wittgenstein. „Um Gottes willen", jammerte er, „fünftausend Mark – ich bin geuzt."

„Was sagen Sie? Herr Wittgenstein! Sie haben ja selbst ins Fremdenbuch ..."

„No, und wenn – ich muss es doch besser wissen als Sie. 's ist nicht meine Tochter, die ganze Sach' war ein schlechter Spaß."

„Na, sehen Sie mal", sagte Herr Melchior mit Nachdruck, „da wollen Sie mich verantwortlich machen. Hört doch Verschiedenes auf. Wenn Sie in Ihren alten Tagen noch solche Abenteuer aufführen, müssen Sie auch die Folgen tragen. Ich rate Ihnen, fahren Sie sofort auf die Polizei."

Mehr tot als lebendig jagte Herr Wittgenstein auf das Klapperfeld. Der Dienst tuende Beamte nahm die Meldung von dem tragikomischen Vorfall mit einigem Misstrauen entgegen, denn Herr Wittgenstein befand sich in einem Zustand, der jeder Beschreibung spottete. Seine Aussage klang so unsicher und verworren, dass der Kommissar ihn ziemlich scharf fragte, ob er denn Legitimationspapiere vorzeigen könne.

„Nichts hab' ich bei mir!", wimmerte Herr Wittgenstein. „Wer denkt denn an so was? Gott, dass mir das passieren muss. Und fünftausend Mark, ich bin ja außer mir!"

„Ja, ich werde mich direkt telegraphisch auf Ihre Kosten in Ihrer Heimat über Sie erkundigen", bemerkte der Beamte trocken.

„Um Gottes willen, das werden Sie nicht tun!", flehte Herr Wittgenstein. „Das ganze Nest kommt ja in Aufruhr. Und wenn meine Frau einen Ton erfährt, schnappt sie über, so wahr, als ich hier vor Ihnen steh'!"

„Es ist Ihre Sache, sich mit Ihren Mitbürgern und Ihrer Frau auseinanderzusetzen", sagte der Beamte ruhig. „Ich habe einfach meine Pflicht zu erfüllen. Ich gebe natürlich sofort Order, dass nach der Hochstaplerin gefahndet wird. Hoffentlich haben wir Glück. Sie können hier warten, bis ich Ihr Signalement habe!"

Herr Wittgenstein sank fassungslos auf einen Stuhl und folterte sein armes Hirn, wie er als Mensch, Lederhändler und Ehemann aus dieser schrecklichen Situation hervorgehen werde. Die liebe Konkurrenz sorgte dafür, dass der Skandal daheim von Haus zu Haus getragen wurde. Und seiner Frau konnte er nicht mehr unter die Augen treten, das war klar. Finstere Gedanken stiegen in ihm empor. Er befand sich im Geiste auf der Mainbrücke. Drunten gurgelte und grollte der Strom, und der alte, steinerne Kaiser Karl befahl ihm mit grässlicher Stimme: „Spring herunter, Elender, spring!" Wie von jähem Frost gepackt, schauerte er zusammen. „Selbstmord", ächzte er, „ganz entsetzlich, armer Wittgenstein!“ Allmählich gewann aber doch eine ruhigere Stimmung den Sieg über den Aufruhr in seinem Inneren. War die Frankfurter Polizei nicht ganz vorzüglich eingerichtet? Vielleicht gelang es, die Diebin einzufangen und das Geld zu retten. „Mut, Wittgenstein“, richtete er sich auf, „Mut! Du hast doch deinen Verstand nicht, um ihn zu verlieren. Bist du nicht ein gebildeter Mann, der sich zu helfen weiß? Wer heißt dich denn, gleich die Flint' ins Korn werfen? Aufgerappelt und deine fünf Sinne zusammengenommen. Und wenn dein Settchen Spektakel macht, stopf' dir Watt' in die Ohren, da hörst du nichts.“

Übrigens war diese Regung von Heldentum, zu der sich Herr Wittgenstein emporschwang, doch nur sehr flüchtiger Natur. Gegen Mittag erschien der Kommissar und teilte ihm mit, dass die Übereinstimmung seiner Person mit dem Lederhändler Josef Wittgenstein zweifellos sei. Dagegen habe die Polizei bis zur Stunde von der flüchtigen Schauspielersgattin nicht die geringste Spur. Es sei zu befürchten, dass sie einen Vorsprung gewonnen habe. Der Kommissar bat Herrn Wittgenstein, seine Adresse zu hinterlassen. Sobald man etwas erfahre, werde man ihn schleunigst davon in Kenntnis setzen. Trübselig schlich Herr Wittgenstein davon und begab sich in den Sächsischen Hof.

Als er eben in sein Zimmer treten wollte, stürzte ihm Fanny, das Zimmermädchen aus dem zweiten Stock, entgegen. „Ach, Herr Jesses, kommen Sie doch einmal auf Siebzehn. Ihr Enkelchen schreit sich ja die Gedärm' aus dem Leib heraus!“

„Wer? – mein Enkelchen?“, fuhr Herr Wittgenstein das Mädchen an. „Was fällt Ihnen denn ein, Sie Stallhasengesicht?“

Seiner also geschmähten Kollegin kam Johann, der Hausknecht, zu Hilfe.

„Nehmen Sie mir's nicht übel, Herr Wittgenstein, aber die Gäste beschweren sich. Das Kind schlägt einen Alarm, man versteht droben auf dem Gang sein eigenes Wort nicht mehr."

Herr Wittgenstein sah ein, dass er um seiner Würde willen den beiden keine weitläufige Erklärung geben konnte, er mochte sich sträuben, so viel er wollte, er wurde schließlich wie ein Delinquent auf Numero siebzehn geführt.

Da lag denn das Büblein mit krebsrotem Gesichtchen und dick verquollenen Augen, strampelte und schrie, dass es ein Erbarmen war.

„Das Kind hat einfach Hunger", stellte Fanny, das Stubenmädchen, fest.

„In drei Teufels Namen", schrie Herr Wittgenstein, „geben Sie ihm etwas zu trinken."

Fanny lief weg und kehrte sogleich mit einer großen Flasche Milch zurück. Und siehe da! Sobald dem armen Würmchen der erste Tropfen warmer Nahrung über die Lippen rann, beruhigte es sich und gluckste und schluckte mit so viel Komik und Behagen, dass sich das Gesicht des braven Johann zu einer breiten Grimasse verzog, während Herr Wittgenstein mit sehr gemischten Gefühlen der Abfütterung seines „Enkelchens" zusah. Mühsam suchte er seine Gedanken zu ordnen, die wie Spreu im Wind durcheinander wirbelten, suchte zu überlegen, was er in den nächsten Stunden zu tun und zu lassen habe. Der Gasthof hatte nicht die geringste Verpflichtung gegen das Kind, das die schändliche Mutter hilflos zurückgelassen, und es blieb ihm nichts übrig, als das kleine Wesen auf die Polizei zu befördern. Nun hatte er dem Polizeikommissar gegenüber in der Eile und Bestürzung des Bübleins der Diebin mit keiner Silbe Erwähnung getan, und er sah sich wiederum einem peinlichen Verhör und einer tagelangen Verschleppung der fatalen Geschichte ausgesetzt. Der Angstschweiß trat ihm auf die Stirn und vollkommen hilflos rannte er im Zimmer auf und ab. Der kleine Schreihals hatte unterdessen seinen Hunger gestillt und lag kugelrund mit rosig angehauchten Bäckchen friedlich schlummernd da. Johann und Fanny gaben dem Großvater wider Willen einen Wink, den Kleinen nicht zu stören, und schlichen hintereinander auf den Zehen hinaus.

Da trat Herr Wittgenstein unwillkürlich an die Bettstatt des Kindes heran. Der finstere Zug, der sich um seinen fest zusammengepressten Mund lagerte, wich einem Gefühl stiller Rührung, und ein freundlicher Schimmer glitt über sein kummerbleiches Gesicht. War es nicht erbarmungslos, das arme Geschöpfchen in die kalte Welt hinauszustoßen und der rauen Hand der Polizei zu überlassen? Hatte er nicht die Kraft und die Macht, das Schicksal dieses unglücklichen Wesens freundlich zu gestalten? War es nicht grenzenlos feig, vor dem Klatsch seiner Nachbarn und Mitbürger zurückzuschrecken? Konnte seine Frau so lieblos handeln, dem Kind in ihrem Haus ein warmes Plätzchen zu verweigern? Und die Worte seines Leibdichters dämmerten ihm auf: „Edel sei der Mensch, hilfreich und gut!" Und in seiner Brust reifte der Entschluss, das Büblein hinfort nicht mehr zu verlassen.

Am selben Nachmittag empfing ich ein Telegramm meines Nachbarn und Freundes, das mich sofort nach Frankfurt berief. Ich zögerte keinen Augenblick, benutzte den nächsten Zug, und zwei Stunden später saß ich im Sächsischen Hof Herrn Josef Wittgenstein gegenüber. Nachdem er Generalbeichte vor mir abgelegt, alles getreulich berichtet und nicht den kleinsten Umstand in dieser abenteuerlichen Sache verschwiegen hatte, presste er mir heftig die Hand und bat mich mit bewegter Miene, ihm in seiner Not Rat und Beistand nicht zu versagen. Ich merkte wohl, dass für ihn im Vordergrund der Ereignisse wie ein Schreckgespenst die Gestalt seiner Frau stand, und er sprach es geradezu aus, dass ihm der Mut fehle, an den häuslichen Herd zurückzukehren.

Ich überdachte die sonderbaren Geschehnisse noch einmal und sagte dann mit der Ruhe und Offenheit, die mir die Freundschaft zur Pflicht machten: „Lieber Herr Wittgenstein, Sie sind in einer leichtsinnigen Wallung das Opfer einer raffinierten Schwindlerin geworden. Ich bin erstaunt, dass sich ein Mann Ihrer Erfahrung und Weltklugheit so hinters Licht führen lassen konnte. Ich bin überzeugt, dass Sie Ihr Geld nie wiedersehen werden, und das tut Ihnen nichts, denn Sie sind ein wohlhabender Mann, aber ich bin auch sicher, dass die Rabenmutter ihr Kind nicht reklamieren wird, und ich meine, das Schicksal gibt Ihnen hier einen Fingerzeig. Sie haben sich all die Jahre nach einem Kind gesehnt, und nun hat die Frankfurter Messe Ihnen einen kräftigen Jungen beschert. Fassen Sie sich ein Herz und nehmen Sie den Buben an Kindes statt an.“

„Ei, mir ganz aus der Seel' gesprochen“, rief Herr Wittgenstein und atmete erleichtert auf.

„Da wären wir ja einig, Herr Wittgenstein.“

„Aber meine Frau, Herr Nachbar! Denken Sie denn nicht an meine Frau?“

„Ich weiß wohl“, erwiderte ich. „Sie werden mit Ihrer Frau einen harten Strauß haben, aber das darf Sie nicht hindern, als Mann von Takt, Ehre und Bildung zu handeln.“

Aus den Augen des Herrn Wittgenstein blitzte eine kühne Entschlossenheit, und er nahm eine feierlich stolze Haltung an.

„Überrumpeln Sie Ihre Frau lieber nicht“, ermahnte ich, „schicken Sie mich als Vorhut voraus, ich werde Ihre Gattin vorbereiten. Sie folgen morgen Abend mit dem Jungen nach.“

Herr Wittgenstein war mit meinem Vorschlag einverstanden, er pries den Wert der Freundschaft und die werktätige Nächstenliebe und gelobte mir ewige Dankbarkeit. Die Polizei trug kein Bedenken, ihm das Kind anzuvertrauen. Freilich musste er darauf gefasst sein, eines Tages den rechtmäßigen Eltern den Kleinen wieder zu überliefern. Dass dieser Fall eintreten werde, war allerdings sehr unwahrscheinlich.

Ich hatte als Friedensapostel wahrlich keine leichte Aufgabe übernommen. Als ich anderntags zu Frau Wittgenstein in das Ladenhinterstübchen trat, fand ich die arme Frau in einer Verfassung, die den Ausbruch einer Raserei befürchten ließ. War sie schon durch die polizeilichen Nachforschungen nach ihrem Mann aufs Höchste erregt worden, so hatte der Besuch zweier guter Freundinnen, die ihr den Skandal brühwarm auftischten, vollends dazu beigetragen, ihr den letzten Rest von Ruhe und Besonnenheit zu nehmen. Sie schwur, dass sie mit dem schlechten Menschen nicht mehr an einem Tisch sitzen werde und dass das eheliche Band zwischen ihnen zerrissen sei.

Ich wagte zunächst keinen Widerspruch, erst auf verschlungenem Pfade gelangte ich dazu, ihr darzutun, dass ihr Mann zwar einen dummen Streich begangen, dass man aber gar keine Ursache habe, ohne weiteres den Stab über ihn zu brechen. Im Grunde seines Wesens sei er der beste, treuste Mensch, und wenn er in einer schwachen Stunde einmal einer tollen Laune gefolgt sei, so werde ihm das für sein ganzes Leben eine heilsame Lehre geben. Ich spielte auf den kleinen Engel an, den ein höherer Wille dem kinderlosen Paar in den Schoß gelegt, ich malte ihr die Zukunft, wenn der Kleine zu ihrer und ihres Mannes Freude heranwachse und tausendfach vergelte, was die Adoptiveltern an ihm getan, kurz, ich war mir bewusst, eine mustergültige Moralpredigt gehalten zu haben – und doch, es war alles umsonst, die Frau blieb kalt, hart und unerbittlich. Sie erklärte, dass sie, bis sie ihre Sachen geordnet, den oberen Stock beziehe und dass der „Mensch" sehen könne, wie er unten allein fertig werde. Unterstehe er sich aber, das Kind mitzubringen, so geschähe ein Unglück.

Traurig wandte ich mich ab und gestand mir, dass meine Mission kläglich gescheitert war. Ich trug nun Sorge, dass Herr Wittgenstein in der Stille des Abends ohne Geräusch und Aufsehen mit dem Büblein seinen Einzug hielt. Der Pelikanapotheker, ein herzensguter, alter Junggeselle, den ich ins Vertrauen zog, nahm sich mit Liebe und Verständnis des Kindes an, dieses gedieh ohne weibliche Wartung vortrefflich und dankte für jeden Schluck, den man ihm darreichte, mit dem freundlichsten Lächeln. Frau Wittgenstein hatte sich in der Beletage (im 1. Stock) förmlich verschanzt, und ein Versuch ihres Gatten, die Festung zu nehmen, endigte mit dem jammervollen Abzug des Angreifers. Der Pelikanapotheker meinte, Herrn Wittgenstein treffe es am härtesten, dass ihm der Weg zu seinem Studierzimmer abgeschnitten war.

Ich sprach dem Schwergeprüften Trost zu, allein er erklärte mir, dass er fest entschlossen sei, diesem unerträglichen Zustand ein Ende zu bereiten und sich am ersten besten Nagel seines Magazins aufzuhängen. Mit dieser erfreulichen Meldung begab ich mich in das verschanzte Lager und begehrte Einlass.

Wider alles Erwarten öffnete mir Frau Wittgenstein sogleich und führte mich in das Studierzimmer ihres geächteten Mannes. Im Anblick so vieler klassischen Zeugen, die mich aus dem Glasschrank grüßten, ließ ich noch einmal alle Minen der Überredungskunst springen.

„Frau Wittgenstein, ich habe geglaubt, Sie seien eine gute und fromme Frau. Ich sehe aber, dass ich mich bitter in Ihnen getäuscht habe. Sie haben kein gutes Herz, ja, Sie haben ein hartes, verstocktes Gemüt. Wie wollen Sie dieses unerhörte Benehmen gegen Ihren Mann verantworten? Was Sie ihm auch vorwerfen, ich bürge dafür, er ist so rein und brav zurückgekehrt, wie er ausgezogen ist. Wehe Ihnen, dass Sie nicht vergessen und verzeihen können. Da laufen Sie in die Kirche und lassen sich von Liebe und Duldung predigen und schüren den Feuerbrand des Hasses und des Kriegs in Ihrem eignen Haus! Sie bedenken scheint's gar nicht, wie schwer Sie Ihr Gewissen belasten. Ihren Mann treibt der Kummer in den Tod. Schon die nächste Stunde kann etwas Fürchterliches bringen. Ich stehe bei seinem trostlosen Zustand für nichts. Aber ich habe wenigstens meine Pflicht getan. Was geschieht, fällt allein auf Ihr schuldiges Haupt!“

Ich machte Miene, mich in gerechtem Zorn zu entfernen, sie aber versuchte mich zurückzuhalten und rang unter einem Strom hervorbrechender Tränen vergeblich nach einem erlösenden Wort.

„Das Eis ist gebrochen“, frohlockte ich innerlich, zog nichtsdestoweniger die Stirne in finstere Falten und verließ mit dröhnenden Schritten das Gemach.

Ich erstattete sogleich im unteren Stock Bericht. Herr Wittgenstein kehrte den krassen Pessimisten heraus und glaubte nicht an einen so raschen Umschwung in der kriegerischen Stimmung seiner Frau, der Pelikanapotheker aber schrie „Viktoria!“ und tollte wie besessen mit dem jauchzenden Buben im Ladenstübchen herum.

Plötzlich öffnete sich die Tür, und Frau Wittgenstein erschien mit verweintem Gesicht. Darauf peinliche Stille. Der Junge aber, der zu seinem Erstaunen nach längerer Pause wieder ein weibliches Wesen vor sich sah, streckte die Ärmchen verlangend nach Frau Wittgenstein aus und rief mit kräftiger Stimme: „Mama, Mama!“

Da hob ihn Frau Wittgenstein mit verklärtem Gesicht in die Höhe und gab ihm einen herzhaften Kuss.

Herr Wittgenstein stand kerzengerade, wie angewurzelt, und wusste nicht, ob er lachen oder weinen sollte.

„Komm, Alter“, rief seine Eheliebste schluchzend, „wir wollen uns wieder vertragen.“

„Und der Bub?“, fragte Herr Wittgenstein zaghaft.

„Was für eine Frage“, fuhr Frau Wittgenstein beleidigt auf, „den behalten wir, der ist seine fünftausend Mark wert!“

Herr Wittgenstein stieß einen Freudenschrei aus und packte uns, die wir uns in respektvolle Entfernung zurückgezogen hatten, wütend am Arm: „Suchen Sie sich einmal so eine Frau, meine Herren, die kommt in der gemäßigten Zone nicht mehr vor!“

Ernst Eckstein

Dr. Veit – eine Porträt-Skizze

Zu den reinsten Genüssen meiner Schuljahre zähle ich den Unterricht des originellen Mathematiklehrers Doktor Veit, der uns von Quarta bis Obersekunda den Pfad zur Vollendung führte.

Man verbindet gewöhnlich mit dem Begriffe des Mathematikers die Vorstellung des regelrecht konstruierten Behälters öder, lebloser Formeln: Nur im äußersten Winkel dieses Behälters lauert die Individualität eines menschlich fühlenden Wesens. Unser lieber, trefflicher Veit war die verkörperte Widerlegung dieser einseitigen Theorie. Kein Zug seiner charaktervollen Erscheinung erinnerte an die Schablone. Seine innere und äußere Physiognomie entfernte sich himmelweit von jenen typischen Schreckbildern, die alles auf Gleichungen zurückführen, die selbst in der Liebe von positiven und negativen Größen phantasieren und die Erkorene mit dem Parallelogramm der Kräfte an die hochklopfende Brust ziehen.

Doktor Veit war vielmehr ein erquickliches Original, in derber Holzschnittmanier ausgearbeitet, aber nirgends geometrisch korrekt. In seinen Lehrstunden herrschte durchaus nicht der Ton der reinen Mathematik. Sein Vortrag war reich an subjektiven Streiflichtern, an reizvollen Impromptus, an ergötzlichen Zwischenfällen ...

Erst in Sekunda lernten wir diesen Mann nach dem ganzen Umfange seiner Vorzüge schätzen.

Wenn es elf schlug und der Xenophon-Interpret – „froh

der bestandenen Gefahr" – von hinnen geeilt war, dann erschien in der Tür eine mittelgroße Gestalt mit rötlich angestrahltem Gesicht, den Hut ein wenig im Nacken, um die Lippen ein freundliches Lächeln. Rasch warf er die Kopfbedeckung auf den Tisch neben dem Eingang und schritt beweglich nach dem Katheder, ohne nach pädagogischer Würde zu haschen, ohne in professorenhafter Manier den Rock zuzuknöpfen, ohne an der Brille zu rücken. Mit prüfendem Blick musterte er die lebhaft plaudernde Versammlung und nahm dann halb wie im Traum den Schwamm, der neben der Kreide lag, um ihn mit Wasser zu sättigen. Allerlei groteske Figuren beschreibend, wischte er die große Schultafel ab; dann kehrte er sein freundliches Antlitz von neuem dem schwatzhaften Publikum zu, trommelte mit den Fingern auf die Holzfläche des Katheders und nickte still vor sich hin ...

Das währte so drei, vier Minuten. Plötzlich schien er sich zu besinnen, weshalb er hierher gekommen. Mit der Faust auf die Fläche des Lehrpultes schlagend wie ein Tambour, der die Kolonne zum Sturme führt, rief er mit Donnerstimme: „Allez! Vite! Vite! Vite! Wacker! Wacker! Wacker! Boxer, komme Sie mal raus an die Tawel!"

Diese Wendung kehrte in ähnlicher Form als Einleitung zu jeder Lehrstunde wieder. Doktor Veit vermochte sich nämlich gewisser dialektischer Eigentümlichkeiten nie zu entschlagen, namentlich in erregter Stimmung. Wenn er im Eifer des Dienstes erglühte, wenn der Zorn ihm die Nerven schüttelte, stets verfiel er dem Banne der Mundart, und seine Mundart war nicht die gefeilteste. In grammatikalischer wie in lexikographischer Hinsicht borgte er bei dem Volke. So ergoss sich ein Hauch echter Urwüchsigkeit und reinen gediegenen Menschentums über die exklusive Klassizität unseres Gymnasialkatheders.

Boxer stand auf und trat an die „Tawel", die rechts vom Katheder auf den Holzzapfen der Staffelei ruhte.

„Ich bitt mer jetzt aus, dass ihr Ruh' halt't!", rief Doktor Veit kategorisch den hinteren Bänken zu. „Na, Boxer! Allez! Vite! Vite! Hier ist die Kreide. Schreibe Se emal folgende Gleichung!"

Boxer schrieb und begann hierauf zu Nutz und Frommen der Klasse die Auflösung.

„Halt' mer emal die Gäul an!", unterbrach ihn Doktor Veit mit der naiv-herzlichen Frische des Volkes. „Möricke, habe Sie das verstande?"

„Jawohl, Herr Professor."

„So rekapituliere Sie's!"

Möricke versuchte, die mathematischen Wege seines Freundes nachzuwandeln, bald aber geriet er ins Stolpern.

„Ui, ui ui!", rief Doktor Veit abwehrend. „Sie lerne auch Ihr Lebdag nix, Möricke! – Boxer, erkläre Sie's noch emal!"

Boxer begann von neuem und führte die Aufgabe siegreich zum Schlusse.

„'s war gut. Gehn Se auf Ihren Platz. Wenn der Hutzler halb so viel wüsst wie der Boxer, so wüsst er zehnmal so viel wie der Möricke."

„Oh", erwiderte Möricke, „ich hatte mich bloß versehen. Die Tafel blinkt so, und da hatte ich das x für ein a gehalten!"

„So? Ist's wahr, Hutzler, blinkt die Tawel?"

„Ja, Herr Professor. Ich seh' hier so gut wie gar nichts."

„Knebel, rücke Se mal die Tawel so, dass der Hutzler und der Möricke was sieht!"

Knebel, Heppenheimer und zwei oder drei ihrer Mitschüler sprangen auf, um die Tafel zurechtzurücken.

„Sie steht zu steil", rief Hutzler pathetisch.

Heppenheimer beeilte sich, die Hinterbeine des Gerüstes nach hinten zu schieben.

„So blinkt's noch mehr", rief der tückische Hutzler.

„Allez! Vite! Vite!", mahnte unser guter Professor. „Zeit ist Geld, sagt der Engländer."

Heppenheimer rückte und rückte. Mit einem Mal kam der Aufbau ins Rutschen. Das Zugreifen der Sekundaner bezweckte nur scheinbar die Rettung. Im nächsten Augenblick stürzte alles über den Haufen. Lautes Gelächter.

Das Antlitz des Lehrers nahm jählings ein violettrotes Kolorit an. Heppenheimer, der den ganzen Frevel veranlasst, rieb sich heuchlerisch ächzend die Kniescheibe.

„Für so Posse bedank ich mich!", zürnte Herr Veit, heftig den Schwamm zerknetend. „Ihr müsst net meine, dass ihr hier en Hanswurscht vor euch habt!"

„Die Dielen hier sind so glitschig", versetzte Knebel.

„Selbst glitschig! Lausbube seid ihr, die bei jeder Gelegeheit ihre Späß treibe. Jetzt rasch emal die Geschichte da wieder aufgestellt! Und das sag' ich euch: Passiert so etwas wieder, so komm ich euch über die Köpp'!"

Bei dieser unparlamentarischen Phrase erhob sich auf den hinteren Bänken ein Gebrumme der Missbilligung.

Doktor Veit verließ den Katheder.

„Wer hat hier gebrummt? – Was? Er will sich geheim halte? Ich kenn' mein' Pappenheimer, sagt Schiller. Das ist gewiss wieder der miserable Kleemüller gewese!"

Kleemüller fuhr empor, als habe ihn eine Natter gestochen.

„Ich bin's nicht gewesen!"

„Sie sind's gewese, und jetzt halte Sie's Maul!"

„Ich verteidige nur meine Rechte", erwiderte Kleemüller.

„So? Na dann komme Se mal raus an die Tawel!"

„Weshalb?"

„Dummes Geschwätz! Sie solle die nächst' Aufgab' löse. Na, steht die Tawel nun fest? Allez! Vite! Vite!"

Kleemüller trat heraus und begann zu rechnen.

„Sie mache das viel zu umständlich. Das Verfahre lässt sich wesentlich abkürze. Wisse Sie davon nix?"

„Nein."

„Sehe Se wohl, dass ich Recht hab'? Sie habe gebrummt; sonst wüsste Se, was hier zu tun ist. Jetzt mache Se, dass Se so schnell wie möglich auf Ihren Platz komme, sonst verzehrt Sie's Gewirrer!"

Gewirrer! So sprach Doktor Veit in der Tat, wenn er eine gewisse Stufe der Indignation überschritten hatte. Im normalen Zustande sprach er: Gewitter.

Das Antlitz des ehrlichen Mathematikers gewann jetzt wieder den alltäglichen Ausdruck. Die Überzeugung, dass er Kleemüllers Sündenschuld unwiderleglich erhärtet habe, gab ihm die seelische Ruhe zurück. Er fuhr mit dem Schwamm triumphierend über die Tafel und rief dann in freudigster Klangfarbe: „Aufgepasst!"

Nun begann er in seltsam geschraubtem Hochdeutsch eine wissenschaftliche Erörterung, die er durch praktische Exempel treffend erläuterte. Ab und zu unterbrach er seine Darlegung mit dialektischen Ausrufen.

„Wann jetzt das Geraschpel an dem Tintefass net bald aufhört, dann fahr' ich hinein!"

Oder: „Möricke, Sie hocke wieder da wie e betrunke Kaninche und schlafe mit offene Auge!“

Oder: „Knebel, sage Se doch dem Pedell (Hausmeister), er soll sein Küch’ zumache. Mer riecht wieder im ganze Haus, was gekocht wird.“

Gegen Ende der Stunde ward Doktor Veit in der Regel ein wenig heiser. Er litt nämlich an einer leichten Entzündlichkeit der Mandeln, war jedoch im Übrigen der kräftigste und gesündeste Mensch unter der Sonne. Wenn sich dieses Gefühl bei ihm regte, so holte er tief Atem, legte die Hand vor den Kehlkopf und schüttelte bedenklich das Haupt. Dann murmelte er halblaut: „Ja, ja, die Flöt’ hat bald ausgepfiffe!“

Oder: „Lang werde mer’s net mehr mitmache. Übers Jahr um die Zeit sind die Quetsche gegesse.“

Endlich erscholl die Pedellglocke.

Jetzt drängelte die Klasse stürmisch dem Ausgange zu.

„Halb so wild!“, rief Doktor Veit, seinen Hut ergreifend. „Festina lente, sagt der Lateiner!“

Und somit schritt er behaglich der Treppe zu.

Im Erdgeschoss begegnete er dem Pedell.

„Höre Sie mal, Quaddler, ich hab’s Ihne schon sage lasse: Wenn Sie wieder Kraut koche, dann mache Se gefälligst die Küch’ zu. Es riecht hier schon net grad nach Ambra und Roseöl.“

„Aber erlauben Sie gütigst, die Tür war fest verschlossen, und der Geruch muss sozusagen durchs offene Fenster gestiegen sein. Insofern es übrigens auch ein ganz vortreffliches Kraut war.“

„Mache Se mer die Gäul net scheu, Quaddler! Sie wisse nun, was ich gesagt hab’. Richte Se sich danach! Und was ich noch weiter bemerke wollt': Lasse Se doch drobe ans Tawelgestell e paar Hake mache, dass die Geschicht net alle Naselang auseinannerrutscht."

„Schön, Herr Professor. Inwiefern soll ich die Haken denn machen lassen?"

„Ich werd' Ihne das später erörtern! Jetzt hab' ich kein' Zeit!"

Er räusperte sich.

„Ach ja", stöhnte er vor sich hin, „ewig ist mer geplagt! Das nimmt kein' gut' End'! Heut' übers Jahr wirft mer mit meine Knoche die Birn' ab."

„Ganz gehormster Diener, Herr Professor."

Und nun begab sich unser trefflicher Mathematiklehrer ins Gasthaus „Zur Sonn", wo er einen kolossalen Appetit entwickelte. Die Empfindlichkeit seiner Mandeln ließ nach, und den Zahnstocher zwischen den Lippen, wagte er die schöne Versicherung: „Es is immer noch kein schlecht Lebe auf der Welt. – Schorsch, bringe Se mer noch e Flasch Niersteiner!"

Ernst Eckstein

Pastor Vigelius

Pastor Vigelius erhob sich in aller Frühe. Erst lange nach Mitternacht war er eingeschlafen: Aber die Unruhe, die ihn seit einigen Tagen verzehrte, hatte ihn schon um fünf wieder aufgeweckt. Er zog sich rasch an, trank in der Küche ein großes Glas Wasser und eilte dann in den Garten, wo er gedankenvoll auf- und abschritt, bis ihn die schlanke, blonde Frau Pastorin, Lene geheißen, mit ihrer helltönigen Stimme zum Kaffee rief.

Der Pastor Vigelius hatte heute einen schweren Gang vor. Lene wusste von nichts; deshalb konnte sie lachen und scherzen, während ihr Eheherr unter dem Druck einer quälenden Sorge litt. Der Konsistorialrat Körner hatte ihn vorgeladen behufs einer sehr ernsten Vernehmung. Das Schlimmste war: Der Pastor fühlte sich schuldig. Er hatte das alles begangen, was ihm laut Zuschrift des Konsistorialrats zur Last gelegt wurde – und jetzt erst, da er sich dienstlich verantworten sollte, kam ihm die ganze Größe und Strafbarkeit seines Vergehens voll zum Bewusstsein.

Wo hatte er nur seine fünf Sinne gehabt, seinen geraden Verstand, sein lebendiges Pflichtgefühl? Unbegreiflich! Ja, ja, die törichte Vaterliebe! Frau Lene, die wahrlich als Mutter kein Herz von Stein besaß, hatte ihm oft gesagt: „Reinhold, sei nicht so schwach! Du verwöhnst die Kinder! Was soll das werden, wenn sie dereinst mal hinaus müssen in die frostkalte Welt und für sich selbst einstehen ohne den Schirm und den Schutz ihrer Eltern?“

Wie immer, hatte Frau Lene Recht gehabt. Nun war das Unheil hereingebrochen, und nur seine übergroße Liebe zu Elly und Paul trug die Schuld daran!

Kurz vor sieben machte der Pastor sich auf den Weg. Frau Lene war durch häusliche Obliegenheiten in Anspruch genommen. Die Kinder jedoch gaben ihm das Geleit bis nach dem Forsthaus, das eine Viertelstunde nordöstlich vom Dorfe am Rande des Waldes lag. Dann küssten sie ihren Vater und wünschten ihm gute Reise. Die sechsjährige Elly nahm ihr Brüderchen bei der Hand und wartete noch ein Weilchen, bis der Papa hinter den mächtigen Buchenstämmen verschwunden war. Er winkte zurückschauend mit dem Taschentuch. Elly und Paul schwenkten die Strohhüte und riefen, so laut sie konnten: „Adieu, adieu!“ Dann kehrten sie langsam und beinahe traurig heim.

Pastor Vigelius schritt kräftig aus. Der tausprühende Morgen unter den rauschenden Baumwipfeln flößte ihm neuen Mut ein. Die Waldvögel sangen so frisch und verheißungsvoll, die Sonne blickte so goldig und warm durch die Zweige – es war eine Herrlichkeit! Und dann: seine Kinder hatten so lieb und süß „gute Reise!“ gesagt ... Da konnte die Sache nicht gar so schlimm werden!

„Der Konsistorialrat“, dachte der Pastor, „ist auch Papa. Sein Junge studiert jetzt freilich schon fünf Semester lang, und seine zwei Töchter sind längst verheiratet ... Aber vielleicht entsinnt sich der hochwürdige Herr doch noch der Zeit, da der Knabe auf ihm herumritt und die Mädchen ihm zwischen den ernsten Aufgaben seines Berufs die Zumutung stellten, der kranken Puppe ein Rezept gegen Migräne und Katarrh zu verschreiben. – Ich will ihm einfach erzählen, wie alles gekommen ist. Keine Flausen, keine Beschönigung, sondern die ehrliche Wahrheit!“

Nach zweistündigem Marsch erreichte Pastor Vigelius die Stadt. Er trat in ein Wirtshaus, ließ sich ein wenig abstäuben und setzte sich in die vereinsamte Gaststube. Nachdem er die Flasche Rotwein geleert, auch mit leidlichem Appetit einen Imbiss genommen, wandelte er, den Kopf ein wenig gesenkt, dem vornehmen Viertel zu, wo Konsistorialrat Körner wohnte.

Der Konsistorialrat, sonst ein milder und menschenfreundlicher Mann, empfing ihn mit großer Zurückhaltung. Die etwas aufwärts gezogenen Brauen drückten Bedenklichkeit, Staunen, Bedauern aus.

„Herr Pastor“, hub der Konsistorialrat an. „Sie sind eines Unfugs beschuldigt, für den es wohl kaum eine Sühne gibt. Sie, ein Diener der christlichen Kirche, der da berufen ist, die lebendige Achtung vor den evangelischen Institutionen zu fördern und zu verteidigen, Sie haben die Würde Ihres erlauchten Amtes in einer mir geradezu unfassbaren Weise mit Füßen getreten ...“

Pastor Vigelius seufzte aus tiefster Brust. Über sein Antlitz ging ein schmerzliches Zucken.

Der Konsistorialrat fuhr fort: „Sie wissen, worum es sich handelt. Ich kann Ihnen nicht verhehlen, dass die Entrüstung bei uns eine exorbitante ist. Eben deshalb vielleicht hat sich das Konsistorium entschlossen, die Angelegenheit nicht *in corpore* zu verhandeln. Man fürchtet, der Fall, gar zu sehr aufgebauscht, möchte dem Ansehen der Kirche mehr schaden als nutzen. Ich bin beauftragt, die Sache mit Ihnen kurz zu erörtern und ganz nach Befund selbstständig gegen Sie vorzugehen. Da Ihr Vergehen Ihrerseits nicht bestritten wird, so hätte ich kaum noch Veranlassung, Sie persönlich hierher zu bestellen. Aber es ist des Prinzips halber. Bei aller Strenge, zu der ich verpflichtet bin, will ich gerecht sein. Ich frage Sie also: Haben Sie irgendetwas anzuführen, was Ihre ungebührliche Tat etwa in milderem Lichte erscheinen lässt? Sprechen Sie ganz ohne Rückhalt!“

Pastor Vigelius war niedergeschmettert. Er wusste nun, was ihm bevorstand. Jede Bemühung, das Schmähliche abzuwenden, schien fruchtlos. Schon wollte er sagen: „Nein, Herr Konsistorialrat, ich habe nichts weiter hinzuzufügen“ – als ihm der freundliche Reisewunsch seiner Kinder einfiel. Er musste doch einen Versuch machen.

„Herr Konsistorialrat, wenn ich erzählen dürfte ... Ich meine, die Genesis dieser leidigen Sache ... Aber ich fürchte, den Herrn Konsistorialrat zu langweilen ...“

„Sie haben das Wort, Herr Pastor.“

„Nun also, in Gottes Namen! Ich will mich so knapp wie möglich fassen. Mein Töchterchen Elly, Herr Konsistorialrat, ist eine große Tierfreundin. Ich glaube, sie hat's von mir. Das mag eine Schwäche sein, aber du lieber Gott, wir sind allzumal Sünder und mangeln des Ruhms. Und es hat auch sein Gutes. Denn während die andern Kinder sich oft genug an der Qual ihrer Mitgeschöpfe ergötzen, konnte ich, ohne ruhmredig zu sein, in meinen ungebärdigsten Bubenjahren keinen Schmetterling töten, keinen Maikäfer malträtieren, geschweige denn einen Hund mit Steinen und Knüppeln bewerfen. Doch dies beiläufig ... Zum letzten Geburtstag, im Februar, schenkten wir unserer Elly ein schneeweißes Kätzchen. Die Kleine war selig darüber. Sobald sie morgens die Augen auftat, war ihre erste Frage nach Pussy. Sie pflegte das Tierchen wie seine Mutter ihr Kind, gab ihm zu essen und Milch zu trinken, wusch ihm die Pfötchen und häkelte ihm zwei farbige Halsbänder, eins mit silbernem Rand für die Woche, und eins mit goldenem Rand für den Sonntag. Das Kätzchen vergalt ihr die gute Pflege durch unverkennbare Zuneigung. Trat Elly ins Zimmer, so war ihr das Tierchen mit einem Satz auf der Schulter und schmiegte sich zärtlich wider das dunkle Haar des Kindes – ein rührender Anblick, Herr Konsistorialrat, zum wenigsten für mein bewegliches Vaterherz.

Oder mein Töchterchen saß bei der Mutter und strickte, und Pussy lag auf dem Schoß der Kleinen ... Das war dann allemal wie ein Zwiegespräch. Das Kind plauderte, Pussy schnurrte und blinzelte – man konnte glauben, die zwei verstehen sich wie alte Freunde. Und weil ich das Kind so lieb habe und ganz in ihm aufgehe, so gewann ich natürlich auch ihre Freundin Pussy lieb.

Wenn ich so freitags meine Predigt verfasste, und meine Frau war mit den Kindern nach Bondorf oder nach Sprendheim gegangen – sie tut das express, damit ich fein ungestört bin –, dann legte sich Pussy wohl neben mich auf die Plüschmappe; und da doch die Katze nun einmal der Liebling Ellys war, ließ ich's in Güte geschehen, obwohl ja die Mappe ein bisschen gedrückt wurde. Während ich schrieb, sah mich das Tierchen zuweilen so klug und verständig an, dass ich erschrak. Und ich sagte mir: „Auch in der unvernünftigen Kreatur weht Gottes Odem; sein Geist durchdringt das unermessliche All wie das kleinste Geschöpf; es gibt kein Leeres, kein Unheiliges." Und manchmal ertappte ich mich, wenn ich mir so die schönsten Stellen von der Liebe des Herrn und der holdseligen Güte des Welterlösers zurechtlegte, dass ich so mit der Linken wie traumverloren dem Tier über das Köpfchen strich ..."

„Herr Pastor", unterbrach ihn der Konsistorialrat, „Sie wollten sich knapp fassen ..."

Vigelius nickte. „Ich muss um Entschuldigung bitten", sagte er demütig. „Aber wer sich verteidigt, dem scheint oft auch das Unbedeutende wichtig und wertvoll. Also, um kurz zu sein: In der letzten Aprilwoche erkrankte das Kätzchen. Der Sandbauer, der sich auf Tiere versteht, meinte mit Achselzucken: ‚Die wird nicht wieder.'

Elly war außer sich. Da nun der Nachbar kein Mittel wusste, so entschloss ich mich rasch. Ich brachte das Kätzchen hier nach der Hauptstadt, wo es drei Wochen lang in der Tierarzneischule blieb. Der Sandbauer hatte sich doch geirrt. Nach vier Tagen schon war eine Besserung zu spüren. Zweimal wöchentlich sah ich nach.

Wenn ich heimkam, merkte ich, wie dem Kinde das Blut ins Gesicht stieg vor Freude und Aufregung. Endlich durfte die Kleine mit, um ihr Kätzchen zu holen. Sie weinte die hellen Tränen, als ihr die Pussy frisch und vergnügt entgegensprang, und sich wie sonst ihr auf die Schulter setzte. Es war ein Festtag, dieser fünfzehnte Mai. Das Lager Pussys ward mit Blumen bekränzt, ein Kranz schmückte sogar die Schale, aus der sie die erste Milch trank ..."

Der Pastor hielt einen Augenblick inne. Er schien zu befürchten, abermals zu umständlich und zu weitschweifig gewesen zu sein. Das Antlitz des Konsistorialrats jedoch verriet durchaus keine Ungeduld. Im Gegenteil: Unter den buschigen Brauen blitzte etwas hervor, was wie freundliche Teilnahme aussah. Ermutigt fuhr Pastor Vigelius fort.

„Eines Tages kam nun mein Töchterchen zu mir ins Arbeitszimmer und legte mir allerlei Fragen vor. ‚Sag, Vater, was wäre denn geworden, wenn meine Pussy gestorben wäre? Sie ist doch so gut und so herzig, und dabei so klug wie ein Mensch. Wäre die auch zum lieben Gott in den Himmel gekommen?‘ – Ich stutzte. Sehn Sie, Herr Konsistorialrat, ich habe über den Punkt so meine Gedanken ... Die Liebe ist göttlich; ein Tier aber, das wir lieben und das uns wiederliebt ... ich weiß nicht, aber mir scheint, als sei es doch auch ein wenig des göttlichen Funkens teilhaftig ... Und meine Elly fragte so treu, so gläubig. In ihren leuchtenden Kinderaugen strahlte die Zuversicht, ihr Papa würde ja sagen ... Und so kam's denn: Ich konnte es nicht über das Herz gewinnen, ein kaltes Verstandeswort in diese heilige Glut zu schleudern ... Ich sagte das Ja, das sie hoffte – und hieraus entspann sich dann, was ich jetzt büßen soll."

„Weiter, weiter!", mahnte der Konsistorialrat, den Blick durch das halb geöffnete Fenster ins Blaue gerichtet. Man merkte, er mied es geflissentlich, dem Pastor ins Auge zu sehen. Er nagte die Lippen; die rundliche Hand spielte, wie in Gedanken verloren, am Kinn.

Der Pastor fuhr fort. „So verging nun der Monat Mai. Da erkrankte Pussy zum zweiten Mal, und zwar diesmal unrettbar. Am Abend war sie noch frisch und gesund, am folgenden Morgen lag sie erstarrt auf der Diele. Sie können sich denken, Herr Konsistorialrat, wie meine Elly verzweifelt war. Ich hatte die liebe Not mit dem Kind; kein Zusprechen half; bis ich ihr sagte, es sei eine Sünde, wenn sich ein sterblicher Mensch so wider den Ratschluss Gottes auflehne. Da ward sie ruhiger und bat um Verzeihung, weil ja doch denen, die Gott lieben, alle Dinge zum Besten dienen. Auch unser Paul weinte die bitterlichsten Tränen.

Elly hatte das tote Kätzchen gleich in den Korb gelegt, wo es am Tage, wenn es müde war, sein Lager hatte. Nun deckte sie's mit der besten Puppendecke, die sie besaß, weich zu, und ging dann hinaus in den Garten, um einen Platz zu suchen, wo sie das Tierchen begraben könnte. Ich selbst war traurig, hatte aber nicht Zeit, über das Missgeschick Ellys nachzusinnen; denn es war Sonnabend, und meine Predigt noch lange nicht fertig.

Da kommt mein Liebling in seinem schwarzen Hauskleidchen zu mir ins Zimmer – das buntseidene Band, das sie sonst um den Hals trug, hatte sie abgesteckt – wirft sich in meine Arme und sagt laut aufschluchzend: ‚Herzenspapa, nun musst du die arme Pussy noch aussegnen!' – Ich trocknete ihr die Tränen, küsste sie auf den Mund und gab ihr leise zur Antwort: ‚Kind, das geht nicht! Der Segen der Kirche ist nur für die Menschen, die in dem Herrn sterben, nicht für die unvernünftigen Tiere!' – ‚Vater', rief sie verstört, ‚hast du nicht selbst gesagt, wenn uns die Pussy stürbe, käme sie in den Himmel so gut wie wir? Das ist ja mein einziger Trost, Papa! Und muss sie da nicht vor ihrem Begräbnis geweiht werden? Vater, wenn jetzt die Pussy verscharrt werden soll ohne den Segen – dann werd ich im Leben nicht wieder froh! Nein, nein: da wollte ich lieber, ich läge gleich neben ihr.'

So sprach meine Elly und drückte sich stürmisch an meine Brust und weinte zum Herzzerbrechen. Da ward mir seltsam zumute, Herr Konsistorialrat ... Wie nun mein Töchterchen merkte, dass ich vor Mitgefühl und Erregung verstummt war, da nahm sie mich sanft in das Nebengemach, wo das Tierchen mit Blumen geschmückt in dem Korbe lag ... Und dann sah sie zu mir empor mit ihren großen, flehenden Augen, in denen fortwährend die Tränen glänzten, und ... Herr Konsistorialrat, so ist's denn geschehen ... Mir war, als triebe mich eine überirdische Macht; ich musste dem Kinde gehorchen; ich konnte das kleine Herz, das ohnehin bebte und zuckte, nicht vollends zerreißen. Ich sprach den Segen. Ja, Herr Konsistorialrat! Das aber kann ich beschwören: Ich war mir in diesem Moment nicht bewusst, dass ich etwas Böses tat. Jetzt freilich seh ich's ja ein – und bekenne mich schuldig. Immerhin, wenn es möglich ist, seien Sie milde, Herr Konsistorialrat! Nicht um meinetwillen, denn ich habe wohl keine Gnade verdient, sondern um meiner treu sorgenden Frau und meiner schuldlosen Kinder willen!"

Der Konsistorialrat starrte noch immer durchs Fenster. Endlich erhob er sich.

„Es tut mir Leid", sagte er streng, „aber ich muss hier rückhaltlos meine Pflicht erfüllen. Ich verurteile Sie kraft meiner Disziplinargewalt in die Strafe eines formellen Verweises! Gehen Sie, Herr Pastor, und bedenken Sie künftig besser, was Sie der Kirche und Ihrem Beruf als Diener des Evangeliums schuldig sind!"

„Herr Konsistorialrat", stammelte Pastor Vigelius freudig erschreckt.

„Gehen Sie! Ich kann und darf jetzt nicht weiter mit Ihnen verhandeln! Aber hier ... dieses goldene Kreuz ... es ist ein Geschenk meiner seligen Mutter ... das bringen Sie Ihrem Töchterchen mit als Gruß von dem alten Konsistorialrat!"

GUSTAV BAIST

Was er höppt

Der Ruppenkarl zu Ringburg (Grünberg) war ein Bauer und wohnte in der Vorstadt, wo meist Landwirte, aber selten Geschäftsleute wohnen. Die Hofraiten sind in der Vorstadt größer als die in der Stadt, wo die Häuser dicht gesät sind. Es sind Gärten bei den Hofraiten, die in der Stadt fehlen, und der Verkehr, den der Geschäftsmann und der Handwerker liebt, weil er ihm Nutzen bringt, ist geringer.

Der Ruppenkarl war zwar Landwirt, aber er war dumm und bösartig. Die boshaften Menschen sind alle dumm, denn wer weise ist, ist nimmer boshaft. Es gibt zwar pfiffige und listige Boshafte, aber weise und verständig, was des Herrn Wille sei, sind sie nimmer. Der Ruppenkarl war aber nicht einmal listig, sondern er war durchaus dumm. Am meisten hasste er seinen Nachbarn, den Weigelkaspar, weil der ein verständiger, stiller, christlicher Bürger war und es demselben besser erging als ihm. Weigel war ein Mann nach dem ersten Psalm, wandelte nicht auf dem Wege der Gottlosen, und saß nicht, da die Spötter sitzen, sondern hatte Lust am Gesetze des Herrn Tag und Nacht. Darum war er wie ein Baum, gepflanzt an den Wasserbächen, und was er machte, das geriet wohl. Und weil es dem Weigel geriet, hasste ihn der Ruppenkarl.

Das Hofwasser des Weigel musste in den Grasgarten des Rupp laufen, aber dieser verbot es. Als das Wasser fortlief, fing er einen Prozess an, der Weigel viel Kummer machte. Aber dem stand gar keine Möglichkeit zu Gebot, das Wasser anderswohin zu leiten, wenn es regnete. Auch war es sehr nützlich für den Grasgarten. Es wurden Zeugen verhört, Augenscheine genommen und zuletzt entschieden, dass das Wasser ein Recht habe, dahin zu laufen, wo es immer früher hin geronnen war, und der Ruppenkarl musste vierhundert Gulden Kosten bezahlen.

Obgleich er gesündigt hatte, sah er das nicht ein und hasste nun den Nachbarn erst recht, weil er seinen Kopf nicht durchgesetzt und noch dazu Geld verloren hatte. Er grüßte den Nachbarn nicht, und wenn der ihn grüßte, so dankte er nicht, murmelte vielmehr Flüche zwischen den Zähnen. So kam es, dass auch der still an ihm vorüberging, wie an einem Ochsen auch.

Aber der Ruppenkarl war damit nicht zufrieden, dass der Krieg von ihm stumm geführt wurde. Er machte ihn durch Schimpfen und Spotten laut und schalt über seinen Nachbarn. Dem wurde es hinterbracht, es boten sich Zeugen an, damit er klage, aber Weigel sagte: „Ich mache es wie David bei Simei und lasse ihn schelten." So klagte er nicht.

Eines Abends schalt Rupp wieder so recht nach seiner bösen Lust in einer Gesellschaft lustiger Burschen. Deren Anführer war der schwarze Fritz. Der schalt nun mit, machte den Vorschlag, den Karren des Weigel den Höllenberg hinunterfahren zu lassen. Der Höllenberg ist ein Abhang, etwa hundertundfünfzig Fuß hoch, steil, mit wenig Graswuchs. Der Felsen wegen ist er nur zur Schafweide zu benützen. Das war Rupp recht, und er versprach, einige Maß zum Besten zu geben, wenn man ihm helfen wolle. Also wurde es fest verabredet, und fest darauf getrunken.

Der schwarze Fritz sorgte aber dafür, dass zwei Burschen heimlich die Karren wechselten und den von Weigel auf Rupps Hof und umgekehrt hinstellten. Als die Ringburger schliefen und der Nachtwächter geblasen hatte und heimgegangen war, da kam die Gesellschaft und holte den Karren von Weigels Hof und fuhren ihn an den Höllenberg. Dort wurde entschieden, dass Ruppenkarl, der das Bier bezahlt hatte, die Ehre des Tages davontragen und den Karren hinablassen müsse. Er tat es.

Als das Gefährt sich überschlug und in lauter Trümmer ging, bis es unten ankam, sprang er in die Höhe, klatschte in die Hände und rief: „Was er höppt! Was er höppt!“ Während er schlief, brachten die Burschen Weigels Karren wieder in dessen Hof.

Wie ein Lauffeuer war die Geschichte am nächsten Morgen in Ringburg mit allen Einzelheiten bekannt geworden. Wer auch den Bubenstreich missbilligte, fand doch eine Sühne darin, dass der Hauptübeltäter sich selbst gestraft hatte. Der Einzige, der sich herzlich darüber betrübte, war Weigel. Selbst die Polizeidiener lachten.

Rupp hatte vor Aufregung lange nicht schlafen können und stand deshalb spät auf. Da war sein Hof leer. Er rieb sich die Augen, aber er sah den Karren nicht an seinem Platz. Er ging nun umher und sah Weigel Mist laden. Grimmig sagte er: „Gib mir meinen Karren.“

Aber der erwiderte: „Das sollte gleich geschehen, wenn ich ihn hätte, aber siehe diesen Karren nur an, der ist mein. Aber ich will dir sagen, wo deiner ist, der soll unten am Höllenberg liegen. Die bösen Buben, die diesen Schurkenstreich begingen, sagen sogar, du hättest ihn selbst hinabgestoßen. Aber das will ich nicht glauben.“

Indes ging ein Bursche vorüber und sagte: „Was er höppt, was er höppt.“ Da schalt Karl laut.

Als der schwarze Fritz vorüberging und ebenso sagte, fiel er den an und hieb auf ihn los. Da war er aber schlecht angekommen. Der hob ihn in die Höhe und warf ihn zu Boden und zahlte ihm die Ohrfeigen heim.

Er ging nun, um die Trümmer des Karrens zu sehen. Die Buben gingen gerade zur Schule und riefen: „Was er höppt, was er höppt!“ Er stürzte wütend auf sie los, aber wie Spreu flohen sie auseinander und verbargen sich in Sträßchen, Winkeln, Häusern und Ställen. Selbst ältere Bürger riefen aus den Haustüren: „Was er höppt!“

Rupp brachte Holz und Eisen heim und musste nun ein neues Gefährt haben. Der Wagner riet ihm, statt des zweirädrigen Karrens einen Wagen mit vier Rädern anzuschaffen, und das tat er.

Der neue Wagen war so bald nicht fertig, und er wollte doch Dünger fahren. Also fragte er bei den Nachbarn um ein Gefährt an, aber keiner konnte es leihen. Da trat Weigel hervor, den er nicht angesprochen hatte, bot ihm seinen Karren an und sagte, er wolle ihm zuliebe seine Kartoffeln auf dem Schiebkarren hinausschaffen. Wohl oder übel, der Geiz siegte über den Hass.

Rupp gebrauchte den Karren, brachte ihn am Abend wieder, dankte aber nicht und blieb stumm gegen den Nachbarn wie zuvor. Doch blieb ihm ein Stachel im Gewissen.

Als er den neuen Wagen hatte, nahmen ihn die jungen Leute, über die er immer schimpfte, und stellten den Vorderwagen in die Scheune, schlossen das Tor und schoben den Hinterwagen wider das Tor, die Längwied durch das kleine Türchen am Scheunentor und verbanden den Wagen so. Als er am Morgen aufwachte, konnte er trotz alles Schiebens den Vorderwagen nicht aus der Scheune bringen, den Hinterwagen nicht hinein. Statt nun den Nagel herauszuziehen, nahm er die Säge und sägte die Längwied durch und musste eine neue machen lassen. Darüber schimpfte er wieder, statt klugerweise zu schweigen, erregte Spott und reizte die losen Gesellen.

Als er an einem Sonntagabend Dünger geladen hatte, um am Montag recht früh fahren zu können, luden diese in der Nacht den Wagen ab, nahmen ihn auseinander und stellten ihn auf seinem mit Stroh gedeckten Schafstall auf. Dann trugen sie den Dünger mit Körben hinauf und luden den Wagen damit hoch voll. So fand Rupp ihn am Morgen. Niemand half ihm in dieser Not, außer der Nachbar Weigel. Der wusste auch Rat, wie man mit Seilen die Wagenteile unbeschädigt herunterbrachte.

Nun schmolz das Eis bei Rupp. Lohn schlug Weigel aus, aber der dringenden Einladung zum Frühstück folgte er. Rupp bat ihn um Verzeihung, die gerne gewährt wurde. Nun klagte Rupp über die Ungezogenheit der Buben und Burschen, die ihm stets das „Höppt! Höppt!“ nachriefen.

Weigel sagte: „Das kannst du leicht loswerden. Solange du wieder schiltst, reizt du sie – und sie rufen, damit du schiltst, darüber lachen sie. Schweig, tue, als hörtest du es nicht, dann ruhen sie von selbst.“

Und so tat er. Er suchte nun die Freundschaft des Nachbarn und bat ihn in allen Fällen um Rat. Da er dem Rat folgte, wurde er wirklich weise, verlor seine Bosheit und reizte niemand mehr zu Spott und Schabernack. Selbst der schwarze Fritz schämte sich seiner Übeltat und ließ den Vielgeplagten in Ruhe.

Rupp aber lernte das Wort schätzen: Ein guter Nachbar in der Nähe ist besser als ein Bruder in der Ferne.

Friedrich Wilhelm Philipp Oertel

Aus der Wetterauer Spinnstube

In einem Dorfe der fruchtbaren Wetterau hatte man im Herbst die Hände voll zu tun gehabt, um den reichen Erntesegen unter Dach und Fach zu bringen. Man brauchte nicht zu sorgen: Was werden wir essen? Was werden wir trinken? Womit werden wir uns kleiden? Denn Scheuer und Speicher waren voll. Im Keller lagen Obst und Kartoffeln hoch aufgeschichtet, und eine Reihe Fässer voll süßen Äpfel- und Birnenweines sagten denen, die nicht gerne Wasser trinken, dass sie dennoch keinen Durst zu leiden brauchten. Auch lag für die Frauen und Mädchen der Flachs, sauber und fein bearbeitet, in der Kiste bereit und wartete nur auf das Spinnrad.

Hier und da hatten bereits die Spinnstuben begonnen, und namentlich in einem Haus des Dorfes bot sich das freundliche Bild gemütlichen Winterlebens dar. Es war an einem recht rauen Novemberabend, als sie so recht behaglich dasaßen; denn draußen stritten Schnee und Regen, vom Sturme gepeitscht, um die Herrschaft. Es war schon spät, da klopfte es plötzlich stark gegen den Laden. „Wer mag das sein?“, sprach der Hausvater, indem er nach dem Fenster ging.

„Wer klopft so spät?“, fragte er.

„Ein müder reisender Handwerksbursch, der eine Nachtherberge sucht“, war die Antwort.

Der Hausvater übte noch die fromme Sitte, keinen Herbergssuchenden abzuweisen. Er sagte: „Tretet in Gottes Namen herein!“

So kam denn bescheiden und grüßend der müde Wanderer herein, und der Hausvater sagte: „Landsmann, legt euer Felleisen ab und macht euch in die Ofenecke, dass ihr warm und trocken werdet. – Frau“, sagte er zur Hausmutter, die aber bereits aufgestanden war, „hol’ dem Burschen etwas unter die Zähne. Ich weiß aus meiner Jugend her, dass man in der Jugend alle zehn Minuten Appetit und alle fünfzehn einen Bärenhunger hat.“

Als es der Handwerksbursche sich schmecken ließ, betrachteten ihn die Frauen und Mädchen. Man sah’s ihm an, dass er’s lange so gut und behaglich nicht gehabt hatte, aber auch, dass er ein wohl gearteter und manierlicher Mensch war. Als nun nach dem Essen, das er hübsch mit stillem Gebete begonnen und geschlossen hatte, die Männer sich mit ihm in ein Gespräch einließen, da erkannten sie auch, dass er auf seiner Wanderschaft durchs deutsche Land offene Augen und einen offenen Kopf gehabt hatte, denn er hatte ganz erschrecklich viel gesehen und erfahren. Bei ihm hieß es nicht mit dem alten Sprichwort: Es flog ein Gänslein über den Rhein und kam als Gickgack wieder heim. Er erzählte mit Verstand, und man hörte es wieder ganz deutlich, dass es Wahrheit war, was er sagte, denn er windbeutelte nicht, und mit dem weltbekannten Münchhausen hatte er keine Ader gemein.

Zuletzt zog er die Aufmerksamkeit der ganzen Spinnstube auf sich. Er hatte längere Zeit in Prag, der Hauptstadt von Böhmen, gearbeitet und wusste von dieser Stadt gar viel Merkwürdiges zu erzählen. Mitten in der Rede aber unterbrach ihn einer, der sagte: „Landsmann, im vorigen Frühjahr kamen böhmische Musikanten hier durch, die zur Frankfurter Ostermesse zogen, die wussten viel zu reden vom heiligen Nepomuk und vom Johannisfest. Könnt Ihr uns darüber nicht nähere Auskunft geben?"

„Jawohl", antwortete der Geselle. „Ich kam gerade am Vorabend des Johannisfestes in Prag an, und Scharen von Menschen aus allen Gegenden des Böhmerlandes zogen mit mir in die prächtige Hauptstadt ein. Ich war erstaunt über die schöne Stadt, denn eine herrlichere hab ich auf meiner ganzen Wanderschaft nicht gesehen. Sie liegt wie in einem blühenden Garten, rings umgeben von schönen Landhäusern. Ihre neunzig Kirchen, einhundertsiebenundzwanzig Türme und sechzig Paläste geben einem etwas zu schauen, der übrigen zahlreichen schönen Gebäude gar nicht zu denken. Der kleinere Teil der Stadt, die Kleinseite genannt, zieht sich einen Hügel hinauf, auf dem das Schloss mit der Domkirche steht. Wie ein silberner Gürtel schmiegt sich der Moldaufluss an die Stadt, und grüne Inseln heben sich wie Edelsteine aus dem Wasserspiegel empor.

Über den Fluss führt eine uralte steinerne Brücke, welche die Kleinseite mit der Altstadt verbindet. Diese Brücke hat sechzehn Bogen und trägt auf ihrem Rücken achtundzwanzig Bildsäulen. Die mittelste derselben stellt den heiligen Johannes von Nepomuk dar, den ehemaligen Erzbischof von Prag, der am 16. Mai 1383 auf Befehl des unholdigen Königs Wenzel von dieser Stelle herab in die Moldau gestürzt wurde, weil er das, was ihm die fromme Königin in der Beichte anvertraut hatte, nicht verraten wollte.

Die Böhmen haben ihn zu ihrem Schutzpatron gemacht und wandern jährlich zu Tausenden nach Prag, das Gedächtnis des heiligen Nepomuk zu feiern. Wer in den Häusern und Ställen kein Unterkommen finden kann, der sucht es auf der Straße unter freiem Himmel. Das ist namentlich denn für die zahllosen Bettler, Landstreicher und Krüppel gemünzt, die an solchen Tagen gute Geschäfte machen.

Wer sich am Johannisfest unter das Gedränge auf der Straße oder auf der Brücke mischen will, der mag nur die Säckel fein zuhalten, denn es gibt da Leute genug, die sich nicht scheuen, in fremde Säckel zu fahren und mitzunehmen, was sich nicht wehrt. Der Leute gibt's überall zu solchen Festzeiten viel, in Prag aber mehr, als gut ist. Weit kommen freilich die Schelmen mit dem gestohlenen Gute nicht, weil es nicht gedeiht. Sie kommen etwa bis in eine heimliche Winkelkneipe, wo sie es vertrinken oder verspielen, und sind dann so arm wie zuvor. Oft aber kommen sie nicht weiter als bis vors Wiener Tor, rechts eine Anhöhe hinauf, wo der Galgen steht. Dort hab' ich mit meinen Augen manchen hängen sehen, unter anderem auch ein Dienstmädchen mit Kreuzbändern an den Schuhen, weshalb seitdem kein ehrlich Mädchen oder keine rechtschaffene Frau in Prag mehr Kreuzbänder an den Schuhen tragen mag.

Doch will ich nicht bloß von Spitzbuben erzählen, sondern ein Exempel bringen, dass es noch ehrliche Menschen in der Welt gibt – und gottlob! noch viele.

In der Stadt Prag wohnte der berühmte und menschenfreundliche Doktor K., ein alter Junggeselle, in einem großen, schönen Hause. Am Morgen des Johannisfestes, als er eben an seinem Schreibpult sitzt, wird er eiligst zu einem Bekannten gerufen, dessen Söhnlein ein Bein gebrochen hat. Auf der Stelle nimmt der Doktor Stab und Hut und eilt davon. Er vergisst aber in der Eile, sein Pult und seine Stubentür zu verschließen. Das Haus ist unbewacht, und alles darin steht offen.

Da kommt ein Mensch mit einem breitkrempigen Hut, in schwarzen, rußigen Hemdsärmeln, über denen ein braunes Wams herabhing, dessen Ärmel unten zugebunden waren, damit man allerlei, wie in einen Sack, hineinstecken konnte. Denkt euch nun noch enge, schmutzige Hosen und derbe Schnürstiefel dazu, und ihr habt ein Bild von dem seltsamen Gesellen.

Hierzuland würden die Leute auf der Gasse zusammenlaufen, wenn sich so einer sehen ließe; in Prag aber kennt man diese Art von Leuten schon. Es sind die Drahtflechter aus dem südlichen Österreich, aus dem Lande Siebenbürgen, die umherziehen und für die sparsamen Hausfrauen die irdenen Kochtöpfe mit Draht umflechten, dass sie nicht so leicht zerbrechen. Sie halten sich viel in Prag auf, nehmen mit dem schlechtesten Nachtquartier vorlieb und bekommen ihre Dienste bald gut, bald schlecht belohnt, sind aber mit allem zufrieden. Jährlich einmal kehren sie in ihre Heimat zurück und bringen das, was sie erübrigt haben, den Ihrigen. Aber wehe dem, von dem die anderen berichten, dass er sich im Ausland schlecht betragen oder gestohlen habe! Wer den guten, ehrlichen Namen der siebenbürgischen Drahtflechter in der Fremde befleckt hat, der darf nie wieder auf Reisen gehen, sondern hat das Nachsehen, wenn die anderen fröhlich hinausziehen in die weite Welt.

Ein solcher Drahtbinder kommt am Johannistage zu Prag in das Haus des Doktors K., wo er früher schon manches Gröschel zum Geschenk erhalten hatte. Den Hut in der Hand, naht er sich bescheiden dem Zimmer. Die Tür steht offen, aber niemand ist drin. Er tut einen Schritt hinein, um zu sehen, ob der Hausherr etwa auf dem Ruhebett sitze, aber auch da ist niemand zu sehen. Da fällt sein Blick auf das offene Schreibpult, aus welchem ein paar Rollen Geld ihm entgegenscheinen.

Da mag dem armen Kerl denn doch die Versuchung nahe gekommen sein. Mit so einer einzigen Rolle Geld könntest du ein glücklicher Mensch werden; brauchtest nicht mehr ein so armseliges Leben zu führen! Alles ringsum ist still, niemand zu sehen noch zu hören. Was hindert dich zuzugreifen? Doch nein, sagt eine Stimme in seinem Herzen, du sollst nicht stehlen! Du sollst lieber arm und ehrlich bleiben als reich und schlecht werden. Aber weil heute viele Landstreicher durch die Straßen ziehen, viele Gauner und Strolche umherschweifen und mausen und ein anderer, der da hereinguckt, nicht so zaudernd im Zugreifen sein möchte wie du, so sollst du jetzt hier Wache halten, bis der Herr wiederkommt! So denkt er, und damit drückt er den Hut auf sein schwarzes Haar und lässt sich auf der Türschwelle nieder.

Mehrere Stunden waren vergangen. Da kommt endlich der Doktor K. von seinem Kranken zurück. Schon von Ferne sieht er die offene Tür. Beim Gedanken an den heutigen Tag, wo tausend Diebereien vorzukommen pflegen, erschrickt er tüchtig über seine Vergesslichkeit und ist vollkommen überzeugt, dass er alles ausgeleert finden werde. Aber wer beschreibt sein Erstaunen, als er den Drahtbinder mit seinem schwarzen Gesicht, den Hut tief in die Augen gedrückt und das Kinn auf die Hand gestützt, dasitzen sieht – so trotzig, als wollte er's mit jedem aufnehmen, der es wagen würde, da herein zu wollen.

Als der Drahtbinder den ihm bekannten Hausherrn kommen sieht, steht er auf, zieht ehrerbietig den Hut ab und stammelt in gebrochenem Böhmisch einige Worte, die ihn entschuldigen sollen, dass er hier gesessen habe.

Doch der Doktor fällt ihm in die Rede und fragt: „Was führt dich auf die Schwelle meiner Tür?“

„Das Almosen, gnädiger Herr, das Sie mir geben, so oft ich nach Prag komme!“

„Aber du hast mich ja nicht zu Hause gefunden“, sagte der Doktor.

„Darum hab’ ich warten wollen, bis Sie kämen“, erwiderte der Drahtbinder.

„Aber du fandest ja alles offen, hättest dir ja nehmen können“, versetzte der Doktor.

„Bewahre, gnädiger Herr“, entgegnete der Drahtflechter, „das wäre gestohlen. Der Drahtbinder ist arm, aber ehrlich.“

„Bist du schon lange hier?“, fragte der Doktor weiter.

„Wohl zwei Stunden!“, lautet die Antwort.

„Da hast du lange auf dein Almosen warten müssen!“, ruft der Doktor aus.

„Hab’ gern gewartet“, sagte der Drahtbinder, „denn ich hab’ derweile Wache gehalten, als Sie weg waren. Es hätten Diebe kommen können ...“

„Du ehrliche Seele“, sprach gerührt der Doktor, „das soll dir nicht unvergolten bleiben!“

Er tritt in das Zimmer und nimmt eine der Geldrollen vom Pult und gibt sie dem ehrlichen Menschen. „Da nimm“, sagt er, „deinen wohlverdienten Lohn!“

Der ehrliche Drahtbinder will anfangs gar nicht zugreifen, weil er nur sein Almosen erwartet. Als indessen der dankbare Doktor in ihn dringt, nimmt er’s endlich und geht mit tausend Segenswünschen und heißem Dank gegen Gott von dannen.

„Seht, das hab' ich in Prag erlebt", sagte der Handwerksbursche.

„Das heiße ich ehrlich!", sprach der Hausvater. Und sein Nachbarsmann fügte hinzu: „Das heißt recht: Treue Hand geht durchs ganze Land!"

Therese Keiter

Die Botin

Nicht in Schnee und Eis, beinahe frühlingsartig kam in diesem Jahre der Heilige Abend, und wie im Lenz drängte sich aus den engen Wohnungen das Leben auf die Straße.

Auf der Treppe des dreistöckigen Hauses, das schmal wie ein Handtuch zwischen den breitspurigen Gefährten hing, über dessen gewölbter, eisenbeschlagener, von Rauch und Zeit geschwärzter Türe noch die Jahreszahl 1643 in den Balken gegraben war, saß ein Häuflein flachsköpfiger kleiner Bürger dicht aneinander gedrängt.

Da war die Trine des Schusters, eine handfeste, entschiedene kleine Person, welcher der blonde Zopf stets eigensinnig vom Kopf wegstarrte, der die Locken und Löckchen trotz aller mütterlichen Pomade wild um die Stirne flatterten. Sie hielt ihr zweijähriges Schwesterchen, das Josephchen, auf dem Schoße. Das rosige, posaunenengelhafte Josephchen mit den schiefen Beinchen war eigentlich ein Schreihals erster Klasse. Heute aber war's zufrieden, von der Stimmung des Abends ergriffen. Es liebäugelte mit dem grellrot bekleideten Füßchen und balancierte das buntgestickte „Petschchen“ auf der großen Zehe hin und her.

Neben Trine saß Handschuhmachers Julchen, beinahe zitternd in der Aufregung der Erwartung. Ihr schlossen sich Bäckers Karlchen und Fritzchen an. Fritzchen trug ein großes, gelbes Taschentuch über dem Kopfe, mit zwei Zipfeln geknotet, weil er Zahnweh hatte. Nun aber überwog die

Freude des Harrens und Bangens, die gewaltige Spannung des Gemütes den körperlichen Schmerz. Der Kleine kauerte da mit leuchtenden Augen und halb offenem Munde, regungslos. Alle, wie sie da zusammensaßen, warteten auf die Schelle, welche sie zur Christbescherung rufen sollte.

„Ich möchte wissen, was ich krieg'", seufzte Julchen. „Ein goldenes ‚Nichtschen' und ein silbernes ‚Wart ein Weilchen'", entgegnete das bereits schulpflichtige Karlchen.

„Mach' jetzt keine Flausen ... 's Christkind hört's."

„Ich hab das Christkind gesehen!", rief Trine eifrig. „Just vor ein paar Minuten, als ich in der Bodenluke stand, flog's in einer schneeweißen Wolke über die Stadt hin. Hu ... so schnell! Gewiss wollte es noch einmal sehen, ob auch kein Kind lügt oder schnuckt, oder sein Brüderchen kratzt."

„Und ich", meinte Fritzchen, der noch nicht volle vier Jahre alt war und sich das „däddeln" nicht abgewöhnen konnte, „ich hab dem Christkind zugehört. Es will dem Karlchen eine große Peitsche bringen und ein ‚Huschepferd', wenn's nicht mehr am Daumen lutscht, hat's zur Mama gesagt. Gestern Abend war's, als ich schon im Bettchen lag."

„Du hast ja den Daumen im Munde, Fritzchen!", mahnte Trine. Der kleine Sünder zog ein schiefes Mäulchen und besah reuevoll den roten, fetten Finger, der sich immer wieder zwischen die weißen Zähnchen verirrte.

Karlchen hatte auch seine Hoffnung, was das Christkind bringen sollte. Er träumte von einem Bücherranzen mit grünem Lederdeckel und von einem Federkasten, auf dem sämtliche Gestirne des deutschen patriotischen Himmels auf goldenem Grunde gemalt sein sollten.

Das zwitscherte durcheinander, als sei ein Nest voll junger Zaunkönige ausgeflogen. Die Erregung stieg von Sekunde zu Sekunde, und da sie auf ihrem Höhepunkte angelangt war, machte sie Karlchen so tollkühn, dass er sich an das väterliche Ladenbrett im Erdgeschoss schlich, wo die frischen Christtagsstollen und bunten Weihnachtsmänner auf einem weißen Tuche lagen, und auf den Stein kletterte, von welchem aus die Kunden ihre Waren verlangten. Auf die Zehen sich hebend, wollte er Einblick gewinnen in die elterliche Wohnung, wo das Christkind seine „Heimlichküche“ hatte.

Fritzchen aber hing sich heulend an seine Rockschöße und schrie: „Dann nimmt das Christkind alles und trägt's direkt in den Himmel hinein ... Nicht gucken! Nicht gucken!“

Das weinerliche, blasse Julchen des Handschuhmachers, welches sonst vor lauter Zimperlichkeit nicht bis drei zählen konnte und stets vor den Gänsen und dem Liliputhunde des Raseurs auf der Flucht war, zog den Übeltäter an seinem defekten Höschen von dem Stein herunter und hielt ihm entschlossen die beiden mageren Fäuste entgegen. „Du darfst das Christkind nicht böse machen, sonst fliegt's fort, auf und davon.“

„Wohin denn?“, fragte Karlchen überlegen.

„Aus der Welt ... nach Amerika ... oder zurück in den Himmel.“

„Bringt das Christkind auch einen Baum?“, fragte Fritzchen.

Julchen nickte geheimnisvoll: „O, solch einen kleinen, wunderhübschen Baum! Es hat ihn droben in die Gangecke hingestellt. Der Baum ist noch nicht einmal so groß wie ich ... so niedlich! Und eben jetzt putzt das Christkind ihn aus. Nach Weihnachten legt es die Zuckersachen wieder in das rote Kästchen oben auf dem Schrank. Jetzt steht die Schachtel auf dem Tisch, und die Engel machen die zerbrochenen Dinge wieder ganz. Mutter und Vater dürfen zusehen."

So sprach Handschuhmachers Julchen mit verklärtem Gesicht und einem heiligen Schauer im Herzen.

Plötzlich hatte Karlchen einen Einfall. Er warf seine gestrickte Pudelmütze in die Luft und schrie: „Das Christkind soll leben! Vivat hoch!"

„Vivat hoch!", rief die ganze Gesellschaft wie aus einem Munde.

In den Jubel hinein tönte die Schelle aus der Wohnung des Bäckers. Wie schnell Fritzchen und Karl jetzt kehrt machten! Sie rannten das arme Julchen beinahe über den Haufen, sprangen, troddelten, stolperten die Treppe hinauf. Aber an der Türe des Wohnzimmers fassten sie einander an der Hand, legten die kleinen Gesichter in feierliche Falten und betraten gravitätisch die Schwelle, über welche das Christkind geflogen.

Die Übrigen drängten in die Haustür und sahen ihnen nach. Das Licht des Bäumchens fiel während eines Augenblicks auf die schwarzen Dielen des Hausflurs; dann schloss sich der Spalt.

Wir aber schauen durch das Fenster und sehen sie alle mit gefalteten Händen vor der papierenen Krippe stehen: den Bäcker und die Bäckerin, den Lehrling, die schluchzende Magd und die Kinder. Und wenn auch jeder von ihnen die Melodie des Liedes anders auffasste, es klingt doch schön:

Ach, seht in der Krippe
Auf Heu und auf Stroh;
Maria und Josef betrachten es froh:
In reinlichen Windeln das himmlische Kind,
Viel reiner und holder, als Engel es sind.

„Nun muss es bei uns auch bald bimmeln!“, meinte Schusters Trine, indem sie dem Josephchen auf die wackeligen Beinchen half und es tröstend bei der Hand nahm. Sie stellte sich in der Haustüre bereit; denn ihre Eltern wohnten im ersten Stock, und die Kinder durften sich, strenger Verhaltensmaßregel zufolge, nur auf gegebenes Zeichen droben blicken lassen.

Handschuhmachers Julchen aber stand unbeweglich mitten in der Straße und beobachtete mit atemloser Spannung die Fenster „ganz am höchsten“, hinter denen ein wunderbares Funkeln und Flimmern zu entstehen begann. Die kleine, ernsthafte Person hoffte im Stillen, sie werde Zeugin sein, wie das Christkind oben aus dem Fenster herausflöge mit all seinen beschwingten Begleitern. Trine und Josephchen waren schon gerufen – da fiel ihr ein, auch die Nachbarhäuser zu betrachten, und sie gewahrte, dass in dem gegenüberliegenden kein Licht brannte.

Es war ja auch natürlich; denn dort wohnte die Botenfrau, welche erst noch mit dem Zug aus der nächsten großen Stadt zurückkam, und der Straßenkehrer Herbold, der niemals abends zu Hause war. Ob wohl zu dem Frieder des Straßenkehrers auch das Christkind kam? Gewiss doch – der Frieder war ein ordentlicher Junge, treuherzig, wenn auch schmutzig und zerlumpt.

Julchen faltete im Stillen die Hände: „Liebes Christkind ... vergiss doch den Frieder nicht!“

In diesem Augenblick rief die Stimme des Handschuhmachers von oben: „Julchen, Julchen, der Christbaum brennt!“ Mit einem jubelnden Aufschrei stürzte das kleine Mädchen vorwärts.

Alles, was die Kinder einander vor der Tür erzählt, hatte des Straßenkehrers Frieder, der am offenen Fenster der dunkeln Stube saß, gehört. Der Frieder war ein schmächtiger, blasser Junge von acht Jahren, der keine Mutter mehr hatte – nur einen groben, polternden Vater, welcher abends erst spät aus dem Wirtshaus zu kommen pflegte.

Keine Weihnachtsfreude für den Frieder! Er war ein vergessener kleiner Kerl, dem niemand ein Huschepferd noch eine Peitsche kaufte oder irgendetwas anderes. Und doch hätte der Frieder für sein Leben gern eine kleine Trompete von Blech gehabt, so ein wunderbares Instrument, das eine Stimme hat, die man wecken kann, wenn man abends so ganz allein in der dunkeln Kammer ist und vor Gespenstern und Ratten sich fürchtet; mit dem man auch allen Jungen auf der Straße vorangehen kann, wie ein riesiger Trompeter in der Armee.

„Ach, liebes, liebes Christkindchen, nur eine kleine, kleine Trompete ... du hast doch den Frieder nicht vergessen, liebes Christkind? Die Mutter hat mir ja erzählt, dass du alle Kinder lieb hast, die an dich glauben und zu dir beten.“

So sprach der Frieder und presste mit Inbrunst die Finger ineinander. Kein Auge wandte er von den leuchtenden Fenstern im Nachbarhause drüben und bekümmerte sich, warum das Christkind „die paar Schritte“ zu ihm herüber nicht mache, da es doch einmal auf dem Wege sei.

Wie er so recht eifrig gebetet hatte, und kindliche Gelübde getan, kam plötzlich eine Art zitternder, freudiger Furcht über das einsame Kind. Mit weit aufgesperrten Augen sah es nach der Türe hin; denn es dachte, die müsse jetzt aufspringen, und dann käme das weiße, leuchtende Jesulein herein mit einem Lichterbaum und einer Trompete.

Stattdessen aber keuchte und ächzte etwas auf dem Gang; ein Korb wurde stöhnend niedergesetzt, ein Zündholz strich gegen die Wand und ein Kopf zeigte sich in der Türspalte.

„He da, Frieder!", sagte die heisere Stimme der Botenfrau, die heimgekommen war. „Hilf mir mal die Kiepe von der Schulter laden! Eil dich, Bub!"

Der Frieder tat's, und da stand sie im Lichte der flimmerigen, blinden Stall-Laterne, die alte, schrumpelige Botenfrau, welcher der Kopf vom Tragen schwerer Kisten tief auf die Brust gewachsen war. Sie sah ihn mit ihren grauen, blinzelnden Augen an.

„Was treibst du denn, Friederle, allein in der kalten Stub'? Ist der Vater noch nicht heimgekommen?"

„Ich hab' gebetet", sagte der Frieder, der nur von einem Gedanken erfüllt war. „Das Christkind ist 'nübergeflogen zu den Bäckersleuten und zum Schuster, hat auch Handschuhmachers Julchen nit vergessen. Keinen vergisst's, ... gelt Anna-Marte? Ich muss schnell wieder in die Stube, damit ich's nit verpass', wenn's vielleicht ans Fenster klopft."

„Da geh', du Hans Narr!", brummte die Botenfrau, belud sich mit ihrem Korb und stolperte die knarrende Hühnerstiege empor, welche zu ihrem Kämmerchen führte. Da droben war alles kalt, unwirtlich, unfestlich und öde, wie es bei einsamen Leuten aussieht, welche den ganzen Tag, die ganze Woche über kaum in ihre Behausung kommen. Aber sie war es ja anders nicht gewöhnt, die alte Anna-Marte. Sie stellte die Laterne auf den Tisch und fing an, all' die Packen und Päckchen, welche sie für die Kleinstädter aus der Residenz mitgebracht hatte, ihrem Korb zu entnehmen. Dann machte sie sich auf den Weg, jedes einzelne zu seiner Bestimmung zu tragen.

Als sie am Fenster des Straßenkehrers vorüberkam, leuchtete, gegen die Scheiben gepresst, das blasse, sehnsüchtige Gesicht des Kindes, welches auf das Christkind wartete.

„Armer Kerl!", dachte die alte Frau. „Kann lange warten! Dem steckt keiner ein Lichtlein an. Ist jeder froh, wenn er vom Öl der Not ein Tröpflein abgespart hat für die eigenen Kinder."

Da fasste ihr etwas ans Herz: „Hast ja heut' ein gutes Verdienst gehabt, Anna-Marte. Nun? ... Könntest dem armen Schlucker schon einmal eine Freud' machen! 's ist ja der Geburtstag des Heilands, der dich arme Seel' erlöst hat mit seinem Blute. Nur einmal im Jahre ist's Christtag, Anna-Marte!"

„Hätt' gerad' noch gefehlt!", knurrte sie, mit ihrem kurzen Atem die Treppen hinaufsteigend. „Mein sauer Erworbenes an Firlefanzereien zu hängen! So armen Kreaturen ist's gut, wenn sie von Kindesbeinen an lernen, dass einem das Leben kein seidenes Kisschen in den Rücken steckt. Anna-Marte, dass du mir keine Kapriolen machst!"

Die Botin hing an ihrem Groschen, wie alle Leute, die ihn Heller für Heller verdient haben.

„Hast du noch nicht Zahlen genug in den Schornstein geschrieben, alte Gans?", redete sie für sich weiter, zum großen Ergötzen der Passanten. „Kuriert dich die eine Narrenklingel nicht, die dir vor'm Kopfe hängt und dir alle Tag' vor den Ohren schellt? Hast einmal viel Geld an jemand gehangen; könntest wissen, was dabei heraus kommt!"

Die Anna-Marte hatte eine Geschichte. Sie war eine arme alte Jungfer, die den Waisenjungen einer Schwester groß gezogen. Sie hatte das Kind geliebt wie ein leibliches, hatte alles dafür getan, was ihr möglich war; sich den Bissen am Munde abgespart, um ihn dem Jungen zuzustecken. Sie hatte sich abgerannt und abgeplagt, dass er etwas Tüchtiges lernen könne, und sich keine gute Stunde gegönnt. Ein ordentlicher Schreiner war er geworden, und zwar einer, der etwas von der Kunst des Handwerks verstand. Über dem Bett der Anna-Marte hing seine erste Zeichnung – ein großer, steifer Schrank, ein Wunderding in ihren Augen.

Als der Junge flügge geworden und sein Glück in dem gelobten Land – das heißt in Amerika – versuchen wollte, ließ sie ihn mit heimlichen Tränen und Schmerzen ziehen. Sie machte zum ersten Mal in ihrem Leben Schulden, um ihm die Überfahrt zu bezahlen. Niemals war der alten Botin das Wetter so rau, der Sturm so hart erschienen, als da sie den Jungen auf der See wusste. Wie atmete sie auf, als die Nachricht von der glücklichen Ankunft des Schiffes kam – aber von dem Jungen brachte die Post kein Wort. Hatte er sie vergessen, war er leichtsinnig und schlecht geworden in dem Sodom und Gomorra da drüben? Hatte Gott zugelassen, dass er starb?

Tage, Monate, ein Jahr, zwei Jahre vergingen. Der Jude fragte nach seinem Geld, und die Anna-Marte musste in ihren alten Tagen mehr als je rennen und laufen, die Summe abzutragen, damit sie, wie sie sagte, ihr Totenhemd in Ehren tragen könne.

„Man sieht, was dabei herauskommt!“, zürnte die Botenfrau. „Für alle Lieb’, alles Wohlmeinen schwarzer Undank! ... Will wenigstens noch schlau werden, eh’s ausgeläutet hat. Dass du mir keinen Heller ausgibst für den Frieder, alte Anna-Marte!“

Aber nun führte der Heimweg sie über den Christmarkt, und obwohl sie mit strammen Schritten mitten durch das Gedränge ging und weder rechts noch links aufschauen wollte, so hob’s ihr doch vor einer der letzten Buden die Augen in die Höhe. Die Leute hatten beinahe ausverkauft; aber in einer Ecke lehnte noch ein übrig gebliebenes struppiges Bäumchen, ein einziges Bündelchen Lichter lag daneben, und an dem gespannten Bindfaden schaukelte noch eine letzte, blanke gelbe Kindertrompete.

Die Anna-Marte konnte nicht vorbei – es war, als ob irgendetwas ihr zuriefe: „In deiner letzten Not wirst du es noch bereuen, Anna-Marte, lässt du den Frieder vergeblich auf ein Christkind warten!“ Und da lagen auch schon die blanken, neu verdienten Groschen vor dem Verkäufer; die Botenfrau hatte eigentlich gegen ihre Überzeugung ein gutes Werk getan. Seufzend und über die eigene Schwäche schimpfend, belud sie sich mit den erstandenen Schätzen.

Wie sie aber durch die Straßen des Städtchens nach Hause ging und hier und da den Festtagsjubel hörte und das Jauchzen glücklicher Kinder, auch wohl das Singen eines Weihnachtsliedes – da ward’s ihr seltsam weich zumute. Es tut doch gut, wenn man im Begriffe ist, jemandem eine Freude zu machen.

Wie leicht der Alten die Füße wurden! Es war fast, als hätten die Engel ihr Schwingen an die Sohlen gebunden, als stände der liebe Gott hinter ihr und spräche: „Will dir ja auch barmherzig sein, du alte, raue Seele; bist ja oft gestolpert und in der Irre gewesen, hast gar mir selbst zuweilen einen barschen Vorwurf gemacht. Aber ich will dir's halt nicht zum Schlimmsten rechnen. Geh nur hin, Anna-Marte, und sag dem Frieder: Das Christkind vergisst keinen! Keinen – hörst du!"

Die heftige, geräuschvolle Anna-Marte, zu deren Tun stets eine Partie Poltern gehörte, wurde plötzlich bedächtig. Sie schlich durch die Hoftür in das alte Haus hinein, ganz leise – leise. Beim Schimmer der kleinen Laterne befestigte sie mit ihren harten, groben Händen Kerze für Kerze auf den schwankenden Zweigen des Bäumchens; sie hing die Trompete an den untersten Ast und steckte die Lichter an. Dann schlich sie schmunzelnd vor Frieders Tür.

Der arme Junge stand noch immer mit gefalteten Händen am Fenster; aber sein Köpfchen war tief herabgesunken. Seine Augen leuchteten nicht mehr. Er glaubte, das Unerhörte sei doch geschehen, das Christkind habe ihn vergessen!

Da kam das Lichtergefunkel zur Tür herein, da stand das Bäumchen vor ihm und die Botin sagte: „Da, schau Frieder! 's Christkind ist mir unterwegs begegnet, 's hat an dich gedacht. Aber recht brav und fromm sollst du werden und für deine Mutter beten, die gestorben ist, und die wohl auch heut' den lieben Herrgott gebeten hat, dass er dir Lichter beschert."

Der Frieder fiel auf die Knie, hob seine Händchen auf und sagte: „Du liebes, gutes Christkind, ich danke dir auch viele

Mal!“ Dann griff er nach der Trompete und begann zu tuten. Es klang so schön, dass die Anna-Marte die Augen mit der Schürze sich trocknete. Freilich bekam sie kein Dankeswort vom Frieder; sie wartete auch gar nicht darauf, denn sie hatte ja alles in Christkindleins Namen gegeben.

Sie ging in ihr Kämmerchen, kochte einen tüchtigen Kaffee und holte sich dann das bleiche Kind herauf, das ganz glückselig, reich und freudestrahlend neben ihr saß und nur von Zeit zu Zeit in die Trompete blies.

„Wie sieht denn das Christkind aus, Anna-Marte?“, fragte er zwischendurch.

Die Botin beschrieb's ihm, so gut sie konnte. „Gerade, wie's in der Kirche auf dem Altar steht. Es trägt ein weißes Kleidchen, ein goldenes Krönchen und hat schon sein Kreuzlein im Arm.“

Es war der Anna-Marte, als sei sie selbst wieder ein Kind, dem der Lichterbaum in die Seele glänzt.

Später, als der Sandmann zum Frieder kam, nahm sie den Kleinen an der Hand, und sanft, wie eine Mutter es tut, zog sie ihm sein Röckchen aus und brachte ihn zu Bette. Sie faltete ihm noch die Hände und hing ihm die Trompete um den Hals, weil er nicht davon lassen wollte. Dann harrte sie aus neben ihm, bis er eingeschlafen war.

In ihrem einsamen Stübchen blieb sie noch lange wach. Die groben Hände um die Knie gefaltet, den grauen Kopf an die getünchte Wand gelehnt, dachte sie an die Vergangenheit zurück. Sechzig heilige Abende lagen hinter ihr – manche dunkel und öde, wie es die Dürre der Einsamkeit mit sich bringt, andere lichterbeglänzt wie der heutige. Die Erinnerung an die Weihnachtsabende, welche sie dem Knaben bereitet, der nun zum Manne gereift, stieg in ihr auf. Da war auch Jubel gewesen und Händeklatschen und Freude. Da war Dank gewesen in ihrer Seele, der Dank eines halb verschlossenen Herzens, dem Gott Frühlingstage gibt im Spätherbst ... Und nun?

„Wenn er lebt, der Junge“, dachte sie, „ob er sich heute daran erinnert? Er hat’s freilich nicht wissen können, wie er mir alles war ... Ach Gott, er wird ja wohl gestorben sein ... liegt irgendwo begraben in der fremden Erde.“ Die Tränen stürzten ihr plötzlich aus den Augen. Hastig stand sie auf und löschte das Licht. Es war ja nur ein halbes Flämmchen, aber der Mensch findet sich besser wieder im Dunkeln.

Die alte Botenfrau weinte sich in den Schlaf. Sie schlief lange in den ersten Feiertag hinein; denn vom gestrigen Tagewerk her lag es ihr noch wie Blei in den Gliedern.

Als Anna-Marte erwachte, läuteten schon die Turmglocken zum ersten Gottesdienst. Drunten vor der Haustür blies der Frieder in seine Trompete, Bäckers Fritzchen rief seinem Steckenpferd ein vernehmliches „Hü, hott!“ zu, und drüben am Fenster, der Anna-Marte gerade gegenüber, ließ Handschuhmachers Julchen die neue Puppe die ersten Gehversuche auf dem Blumenbrett machen.

„Fröhliche Weihnachten!“, tönte es hier und dort von Leuten, die einander begrüßten.

Die Botenfrau stand auf, sich für den Kirchgang anzukleiden. Eben holte sie den weiten, flanellgefütterten Kattunmantel mit den großen Blumen aus dem Spind und setzte vor dem zersprungenen Spiegel die altmodische Spitzenhaube auf ihren grauen Scheitel – da tönte ein polternder Schritt auf der Treppe. Knurrend und scheltend tappte jemand den dunklen Gang entlang.

„He da, hollah! Aufgemacht, Jungfer Anna-Marte!"

Schmunzelnd stand der Briefträger auf der Schwelle und hielt ein Paketchen in die Höhe, ein weit gereistes Paketchen, mit versiegelten Schnüren umwunden und mit ausländischen Stempeln bedeckt.

„Fröhliche Weihnachten, Jungfer! Da ist etwas, euch den Kirchweg schön zu machen!"

Sie setzte sich auf die bunt bemalte Truhe neben ihrem Bett. Einige Minuten lang lag das Paketchen in ihrem Schoß, ehe sie sich getraute, es zu öffnen. Du lieber Heiland! Die Adresse war ja von der Handschrift, welche sie so lange gekannt und so oft auf der Schiefertafel gesehen, die nun vergessen in der Bodenkammer lag. Das war die steife, große Knabenschrift, auf welche sie stets so stolz gewesen!

Sie löste einen Knoten nach dem andern, damit nur kein Stückchen Faden verloren gehe, faltete die Papiere bedächtig auseinander – ja, und da kam's, das Weihnachtsgeschenk, welches das Christkind für die alte Anna-Marte bestimmt: das Bild eines großen, hübschen Menschen, der treuherzig in das Gesicht seiner Pflegemutter hineinlachte – und ein echter, wahrhaftiger Hundertmarkschein!

Und da war ein Brief dabei: Darin stand, dass er erst etwas Ordentliches habe werden wollen, ehe er ein Lebenszeichen gegeben. Nun aber wäre er in einer guten Stelle und werde jetzt regelmäßig schreiben und der Pflegemutter Geld schicken, damit sie sich nicht mehr zu plagen brauche – denn er danke ihr doch alles, und es sei nicht mehr als recht. Wer Kinder in Sorgen und Not groß gezogen, der könne später auch beanspruchen, dass sie ihm ein sorgenfreies Alter bereiteten ... Und wenn der Weihnachtsabend käme, dann, das möge sie wissen, wäre er für sein Leben gern bei ihr, wie früher.

Die Anna-Marte faltete den Brief zusammen, besah noch einmal den Hundertmarkschein, wie jemand, der's noch nicht recht glauben kann, und blieb noch einen Augenblick sitzen, den Kopf in die Hände gestützt.

„Ach, mein Gott, mein Gott, gar zu gut hast Du's mit mir altem, unnützen Weib gemacht! Vergib meine Ungeduld! Du weißt ja, dass ich von jeher ein heftig Wesen gehabt hab'. Deine Güte an mir aber soll dem Frieder auch seinen Segen bringen. Herr Gott, lass mich noch ein Weilchen leben, damit ich dir zeigen kann, wie dankbar ich dir sein will für all deine große Lieb' und Gnad'."

Sie schloss Brief und Geld sorgfältig fort, nahm das Gebetbuch, ging die Treppe hinab und winkte dem Frieder zu: „Leg deine Trompete in die Ecke, Junge; wir gehen jetzt in die Kirche, dem Christkind zu danken, dass es an uns beide gedacht hat ... Geh, sput' dich, Frieder!"

Georg Zitzer

Der Wurstlipps

Wenn's dem Wurstlipps nach gegangen wäre, so hätte es keinen Sommer mehr gegeben, dagegen andauernden Winter. Konnte er vielleicht die Hitze nicht ertragen, fürchtete er etwa einen Sonnenstich? Oder war er ein leidenschaftlicher Eisläufer und Freund der langen Nächte? Nichts von alledem. Vielmehr kam seine Vorliebe für die kalte Jahreszeit daher, dass diese sein Geschäft so recht ins Blühen brachte. Also war er wohl Schneeschipper oder Kohlenhändler? Abermals daneben geschossen. Nein, Wurstlipps war – laut eigenhändiger, verantwortlicher Angabe in Spalte 3 der Zählkarte A – nichts mehr und nichts weniger als Metzgermeister.

Das stimmte aber nicht so ganz, denn er hatte weder Haus noch Hof, weder Laden noch Schlachtvieh. Dafür besaß er zwei scharfe Messer (ein großes und ein kleines), einen langen Wetzstahl, den er stolz umgeschnallt trug, ein Hackbeil nebst Wurstfüller und prangte außerdem im schwarzrot gestreiften Kittel und mächtig hoher, seidener Ballonmütze. Kurzum, er war der berühmteste und gesuchteste Hausschlächter im Dorf.

Zur Sommerzeit führte Schmalhans in des Wurstlipps Küche – eigentlich hatte er gar keine – das Regiment. Aber wenn im Winter der jämmerliche Todesschrei rundlicher Schweine durch den frostnebligen Morgen gellte, dann klang ihm das tausendmal lieblicher in den Ohren als der herrlichste Finkenschlag im frühlingsgrünen Garten. Dann gab's wieder Geld in den leeren Beutel, und das arbeitsreiche Tagewerk wurde gekrönt durch die würzig duftende Metzelsuppe.

Da hätte man ihn sollen erzählen hören, während er eifrig hackte, schnitt und stopfte! Wie er bei dem ersten und angesehensten Meister in der Universitätsstadt Gießen in der Lehre war, wie er bereits nach einem halben Jahr zum Gesellen aufrückte und wie zuletzt sämtliche Herren Professoren ihre Schweine nur von ihm geschlachtet haben wollten. Alles einzig und allein der vorzüglichen Wurst zuliebe, die nur er in dieser unerreichten Güte zu machen verstand. Kein Zweiter machte ihm das nach!

Gewissermaßen fühlte sich Wurstlipps als wissenschaftlich gebildeter Metzger. „Do misste mer doch nitt uff der Uneversedät gewese sei!"

Böse Mäuler erzählten zwar, dass er nur als Fuhrknecht bei J. C. Mayer und Co., Fabrik feiner Fleischwaren, in Diensten gestanden habe. Aber welcher wahrhaft bedeutende Mann ermangelte der heimlichen Neider, die es nicht lassen können, das Strahlende zu schwärzen und das Erhabene in den Staub zu ziehen? So war's eben: gar mancher mochte ihn nicht leiden, doch seine Würste aß man gern.

„Däi kinn maich leefe lesse", sagte der Geschmähte, wenn er so was hörte.

Leider machte er den Fehler so vieler großer Leute: Er schätzte im Gefühl seiner unerschütterlichen Stellung die Feinde zu gering, bis das stolze Gebäude seines Ruhmes eines Tages elend in Trümmer sank ...

Schon war die 260-pfündige Prachtsau des Mühlandres in so viel Fetzen und Stücke zerlegt, wie sie sich das bei Lebzeiten nimmer hätte träumen lassen. Vor der Haustür hockte der schwarze Kater und witterte gierig den scharfen Fleischgeruch, der aus der Küche drang, doch sah er davon ab, ein zweites Mal dort einzudringen. Denn was der Lipps für eine kräftige Handschrift schrieb, das hatte er soeben zu seinem Leidwesen erfahren müssen. Missmutig leckte er an einigen Klümpchen geronnenen Blutes, das, einem erstarrten Purpurbächlein gleich, seinen Lauf nach der nahen Dunggrube zu genommen hatte.

Und selbst das gönnte des Hauses Jüngster, das Jaköbchen, dem armen Schächer nicht. Den glücklich eroberten Schlund – seines Erachtens das wichtigste Körperteil des toten Haustieres – mit vollen Backen aufblasend, schreckte er den fauchenden Alten mit lautem Knall. Dann hüpfte er vergnügt über die ausgetretene Hausschwelle, um dem Wurstlipps die vollbrachte Heldentat freudestrahlend zu vermelden.

„Raicht heste, mei Bürschche“, lobte ihn der, „so muss mer's de Spitzbouwe mache.“

Der Heuchler! War er etwa besser als das unvernünftige Katzenvieh? Wenn der Schwarzrotgestreifte nur hätte berichten können von den mancherlei guten Brocken, die der Lipps nun schon jahrelang mit seiner Hilfe unbemerkt hatte verschwinden lassen, um auch am nächsten Morgen noch ein feines Frühstück zu haben!

Auch vom Mühlandres wollte er heute eine solche Nebengebühr erheben, hatte er doch der Witwe Tümpel, die gleich ihm im Gemeindearmenhaus ein Stübchen bewohnte, ein hübsches Stück Schweineschmalz versprochen, das den gerösteten Kartoffeln einen so lieblichen Geschmack verleiht. „Ein Mann – ein Wort!“, das war sein Lieblingsspruch. Mit der Nachbarin durfte er sich unter keinen Umständen überwerfen. Die war imstande, alle seine bisherigen Sünden gegen das 6. Gebot und noch ein anderes an die große Glocke zu hängen und dadurch sein Ansehen für ewige Zeiten zu untergraben.

Darum weg mit den lästigen Bedenken und her mit dem Schmalzklumpen, der so handgreiflich auf der hochgefüllten Schüssel liegt! Der reiche Müller wird die Kleinigkeit schon entbehren können. Noch ein wenig weich und klebrig zwar, aber man muss die günstige Gelegenheit nutzen. Der Hausherr ist beim Füttern im Stall, die Frau in der Stube, und nur der Bub, der mit neugierigen Augen neben ihm steht, ist ihm im Weg.

„Jaköbche, leef hurtig mol enin, oab dei Moirer als schunn de Tisch gedeckt hat!“

Gehorsam verschwand der Kleine um die Ecke und im nächsten Augenblick das Schmalz in der diebischen Kittelspalte, um gleich darauf dumpf patschend auf die Diele hinab zu rutschen.

„Ei Schwernut, aich hunn joa mein Gürtel net im“, fluchte Lipps.

Bis er den herbeiholte, ging die kostbare Zeit verloren. Was nun machen?

Schon hörte man des Müllers trockenen Husten auf dem Hof. In der Hoffnung, später ein geeigneteres Versteck zu finden, barg Wurstlipps den Raub mit schnellem Entschluss einstweilen unter der großen Mütze. Erleichtert atmete der Spitzbube auf. Das war noch gut gegangen!

Jawohl – bis auf das Jaköbchen, das nach Jungenart erst noch einmal durch die Türritze geguckt, ehe es zur Mutter ging und ihr seine Beobachtung haarklein mitteilte.

Ohne ein Wort zu verlieren, nahm sie den kleinen Verräter bei der Hand und rannte hinaus zu ihrem Mann. Der Mühlandres war keiner von den Hitzigen. Weder griff er zum Prügel, noch schrie er nach der Polizei, wie ein anderer an seiner Stelle wohl getan hätte. Im Gegenteil, mit dem harmlosesten Gesicht von der Welt bat er den Treulosen, die Arbeit einzustellen, und nötigte ihn mit sanfter Gewalt, an der mittlerweile gedeckten Tafel dicht neben dem Ofen Platz zu nehmen.

„Aich will nur noch de Schreinerlui hole unn de aal Klingelhöfer, däi solle aach uff ois Wurschtsupp komme, glaich esse mer."

Als die geladenen Gäste erschienen, lag auf ihren Gesichtern ein vergnügtes Lächeln, wie es die Aussicht auf den zu erwartenden Schmaus unmöglich allein zuwege gebracht haben konnte.

Schreinerlui setzte sich neben den Wurstlipps und meinte beiläufig: „Mir wer'n sich doch vertroage?"

„Do misste mer doch nit uff der Uneversetät gewese sei", wies der Angeredete auf seine Lebensart hin.

Ihnen gegenüber saß der alte Klingelhöfer, der auch seine Tochter, das Kathrinchen, mitgebracht hatte, während der Gastgeber am oberen Ende der Festtafel thronte. Die übrige Gesellschaft setzte sich aus dem Fleischbeschauer und dem Mühlgesinde zusammen.

Die Frau trug fleißig auf und nötigte zum Zugreifen. Jaköbche, ohne besonderen Platz, bemühte sich, ein eigens für ihn zubereitetes Würstchen seines köstlichen Inhaltes zu entleeren, ohne die noch zähe Darmhülle zu beschädigen – eine Beschäftigung, die auf Appetitlichkeit keinen besonderen Anspruch erheben konnte.

„Weeß der Kuckuck", nahm der Schreinerlui, nachdem

er seinen Teller geleert, das Wort. „Jakob, ihr hett oawer en Kält in der Stouw, dass die Hunn heule. Seid ihr dann su oarm on Holz?"

„Jajoa", stimmte ihm Klingelhöfer zu, „aich hunn's aach schunn gemerkt. Mach doch e bissche mieh Fauer en Owe, aich will der läiwer e poar Schiwern lihne."

Dagegen erklärte Lipps unter dem lebhaften Widerspruch der ganzen Tafelrunde, dass er mit der Zimmerwärme mehr als zufrieden sei.

„Wann's do droan fehlt", erhob sich der Hauswirt, „mieh Holz wäi boar Geld, dem wolle mer oabhelfe."

Und er lud den Schwarzen dermaßen mit Fichtenscheiten, dass er vor Vergnügen bald nur so brummte. Nach einer Weile rückte der Lipps etwas abseits. „Dä meants oawer gout!"

„Bleib nur rouhig sitze", wehrte ihn der Schreinerlui ab. „Do hest joa dei Kapp noch uffm Kopp, dann is dir's aach nit ze heeß."

Lipps sah ihn misstrauisch von der Seite an: „Doas geheert su zoum Geschäft."

Inzwischen ermunterte Mühlandres die tapfern Esser zum tüchtigen Einhauen.

„Nur immer zougegriffe und nit scheniert, mer hole's oins alles wirrer, häi kennt ihr mol e Läwerwurscht verschpiern, dä Lipps verstieht sei Geschäft aus'm Äffäff."

Der Belobte dankte geschmeichelt und erlaubte sich im Anschluss daran die Bitte, das Fenster möge doch ein wenig geöffnet werden, es sei wirklich nicht zum Aushalten.

„Ei, Joaköbche, leß doch des Fauer en Rouh, et brennt joa genunk."

Der Junge aber ließ sich nicht stören und verabfolgte

dem Ofen eine neue Ladung. Es dauerte nicht lange, da spie dieser eine wahre Höllenglut, die Außenplatten erstrahlten schon im dunklen Rot. Lipps hörte auf zu kauen. Der Schweiß perlte ihm über die feisten Backen herab.

„Hä puh“, stöhnte er, „hä puh, doas is net zum Aushaale.“

„Glääbt’s em net, ihr Leure“, lachte der alte Klingelhöfer. „Er hett joa sei Kapp noch uff!“

„Meenste dann, dou sellst in meim Haus friern?“ Der Müller sagte es mit der vorwurfsvollen Miene des beleidigten Gastgebers und wies das Jaköbchen wiederholt an, seine Pflichten als Heizer nicht zu vernachlässigen. Ratlos schaute sich Lipps im Kreise um. Waren denn die sonst so vernünftigen Leute allesamt verrückt geworden? Und was er niemals getan, das tat er jetzt: Er wünschte die ganze Metzelsuppe zum Teufel. Das Ende war vorläufig noch nicht abzusehen, denn die Müllersfrau schleppte schon wieder einen neuen Gang, Sauerkraut mit Speck, herzu und stellte auch noch Kaffee und Kuchen in Aussicht.

„Less mich amol en Aageblick enaus“, bat Lipps den Schreinerlui, in gelinder Verzweiflung, denn er hatte eine fürchterliche Entdeckung gemacht: Dem gestohlenen Gut auf seinem Kopf war es ebenfalls zu warm geworden. Deutlich fühlte er, wie eine schmierige, klebrige Masse durch seine Haare dahinkroch. Himmel, wie sollte das noch enden! Und kein Ausweg? Dringend wiederholte er seine Bitte.

„Oach woas“, fertigte ihn der Schreinerlui kurz ab. „Sei doch kee Kend, häi werd alleweil gegesse und domit basta!“

„Ei Lui, sei net su goarschtig“, legte sich das Kathrinchen mitleidig ins Mittel.

Doch der Grausame blieb ungerührt. Bald fühlte Lipps, wie sich's warm unter dem Mützenschild hervorstahl. Schnell zog er sein groß kariertes Taschentuch hervor, wischte und rieb, doch ohne Erfolg – der Zerfluss ließ sich nicht dämmen. In wunderbarem Fettglanz erstrahlte seine Stirn.

Gespannt beobachteten die Gäste seine Bewegungen; nur der Müller sah anscheinend nicht die Not des Armen.

„Lipps, dou schwätzt jo goarnaut mieh, verzehl doch e Stickelche, do seist jo sust net uff's Maul gefalle."

Wurstlipps sah auf. Was die Leute für sonderbare Gesichter schnitten! Als ob sie lachen wollten, und wär's bei Todesstrafe verboten. Da ging ihm urplötzlich ein Licht auf. Alle Wetter, nun wurde ihm alles klar. Hier war Absicht im Spiel! Der Schreck fuhr ihm so jäh in die Glieder, dass er die Hand mit dem durchfeuchteten Tuche ratlos sinken ließ. Und jetzt kam's mit Macht unter Ballonmütze heraus, vorn und hinten, links und rechts, über Nase und Augen und hinter den Ohren.

„Lipps, Lipps, woas mechste, dei Fett is oangegange, Gewärrer wäi aut, dä Lipps schwitzt Fett, dä Lipps schwitzt Fett!", schrien sie durcheinander. Die Stube erdröhnte unter dem schallenden Gelächter.

Da fasste den Hineingelegten grimmige Wut. „Leßt maich enaus", brüllte er, „uff der Stell, sonst gibt's e Unglück!"

„Ei, Lipps, bleib doch noch e bissche", ergriff ihn der Schreinerlui am Kittel, „häi is joa su sch —"

Patsch, da hatte der Wütende die Mütze vom Schädel gerissen und sie dem Sprecher, ehe dieser noch seinen Satz vollenden konnte, ins Gesicht geworfen, dass ihm Hören und Sehen verging. Dann setzte er mit gewaltigem Sprung über den Tisch und riss im Fallen das aufkreischende Kathrinchen, das sich vergebens am Tischtuch festzuhalten suchte, mit sich. Ihnen nach rollten Schüssel, Teller, Sauerkraut, Wurst und Speck. Ehe sich die entsetzten Zuschauer des wüsten Schauspiels von ihrem Schrecken erholt hatten, war der Wurstlipps auf und davon. Das war das Ende.

Aber das dickere kam nach. Der Wurstlipps verlor fast alle seine Kundschaft, und mit dem guten Leben war's natürlich auch vorbei. Wenn man ihn mit schmalen Backen daherkommen sah, pflegte einer wohl zu sagen: „Woas dä Wurstlipps su dürr geworn is!" Und dann war zehn gegen eins zu wetten, dass er von dem andern die Antwort erhielt: „Kee Wunner, wann mer su vill Fett verlorn hett!"

HEINRICH RUPPEL

Der Reiter aus dem Paradies

Im Hessenlande geschah es vor gar nicht langer Zeit, dass ein Reiter aus dem Paradies gesehen wurde. Der Reiter im Märchen wollte ins Paradies; ob er wirklich hineingekommen ist, das steht auf einem anderen Blatt. Der Reiter im Hessendorf aber kam samt seinem spiegelglatten und glänzenden Braunen aus dem schönen, strahlenden Jenseits und ritt stracks in das lächerliche und klägliche Diesseits hinein ...

In kühler, goldner Sonntagsfrühe trug sich diese wundersame Geschichte zu. Auf den Wiesen des breiten Flusstales lagen feine Nebelschleier, wie aus zartem Goldgespinst gewoben. Die Felder am Hang standen mit ihren graugrünen Ähren leuchtend und tief gesegnet im Frühlicht des Tages. Da jagte ein Reiter in strahlender Nacktheit über die tauglänzenden, blumenbunten Wiesen, die kurz vor der Mahd standen. Zwanzig Sommer mochte er zählen. Und der leichtfüßige Braune trug den Jüngling in der schimmernden Schönheit seines hüllenlosen Leibes wie einen Sieger dahin. Aber noch war er nicht Sieger; er musste noch kämpfen.

Hoch auf bäumte sich das Tier. Der Reiter riss es an den Zügeln zurück, dass es einen Augenblick zitternd stand, und lockte es mit freundlichen Zurufen und schnalzender Zunge. Wieder über die blühenden Wiesen zurück und an die sonnenblanken Wellen des Flusses wollte er es lenken. Aber das Ross ließ sich nicht zügeln und schoss dem Dorf entgegen. Mit seinem ganzen Körper, mit Brust und Knien, Hals und Armen, fühlte der Reiter das kosende Sonnenlicht und die linde streichelnden Morgenlüfte. Von den weit ausgreifenden Hufen gestreift, duckten sich die reifen Gräser und schleuderten ihre feinen Samenkörnchen umher, schnellten sie auch gegen die blanken Füße, die sehnigen Schenkel und die schmalen Hüften des jungen Menschen, der ohne Sattel und Steigbügel wie angewachsen auf dem runden Pferderücken saß. Das braune, feucht glänzende Fell war wie ein Spiegel. Die dunkle Mähne schwappte auf und nieder.

Im wildesten Galopp erreichte das Tier nun die Landstraße. Seine tiefschwarzen Hufe wurden staubgrau, und ihr taktfester Schlag sprang dem Reiter ins Ohr. Die Bäume flogen vorüber. Die Häuser stürzten herbei. Menschen schrien und lachten. „Guckt doch mal da, ihr Leute! Ein splitternackter Reiter!“

Schreckrufe wurden laut. Kinder flüchteten aus dem Weg. Krampfhaft bemühte sich der schöne junge Mensch, das Pferd herumzureißen. Die Muskeln strafften sich, die Schenkel schlossen sich um den Bug des Tieres, der zurückgerissene Kopf setzte das braune Kinn willensstark auf die weiße, breite Brust. So flog der Reiter ins Dorf hinein. Nun ließ er seinem Tier die Zügel schießen.

„Schnell! Schneller!“, dachte er in seinem bangen Ungestüm. Sein Herz klopfte mit dem Hufschlag um die Wette. Und das Pferd galoppierte mit seinem Reiter die Dorfstraße hinauf, als wisse es seine Krippe schon zu finden.

Als der seltsame Reiter so in rasender Eile durchs Dorf stob, lockte der donnernde Hufschlag auch die elfjährige Marieba (Maria Barbara) ans Fenster.

„Mutter, Mutter!“, rief sie zur Küche hinaus. „Kommt mal geschwind her! Tummelt Euch! Tummelt Euch doch!“

Die Mutter, wie viele Weibsleute nicht ohne Neugierde, kam eiligst herzu.

„Guckt einmal da! Ein Reiter aus dem Paradies! Wahrhaftig, ein Reiter aus dem Paradies!“

„Wo denn? Ei, wo denn?“, fragte die Mutter, vor Aufregung völlig verdattert.

„Da! Da! Guckt doch, da! Er ist schon bald vorbei!“

Nun sah ihn auch die Mutter. Vor lauter Zappeligkeit hatte sie gar nicht gewusst, wohin mit den Augen. Aber nun sah sie ihn die Dorfstraße hinaufsprengen.

„Haha!“, lachte sie, „haha!“, und schlug dann dem Kind mit einem Mal ihre Schürze, die sie blitzgeschwind losgebändelt hatte, vor die Augen. „Dumm Kind, hach, du dumm Kind, das ist ja Schorns Justus! Mach schnell die Augen zu! Und guck ja net hin! Sonst wirst du blind. Von so etwas können Kinder leicht blind werden.“

Sie selbst aber schickte dem jungen Menschen, der im Adamskostüm auf dem glänzenden Braunen saß, nicht nur ein Auge nach, sondern alle beide Augen. Ei, so ein Mannskerl! Herrgott, wenn man da doch noch einmal ein Mädchen sein könnte! Nun nahm sie der Marieba die Schürze wieder von den Augen weg, denn der nackte Reiter war längst vorbei.

Die blauen Augen der Kleinen sahen die Mutter zweifelnd an: „Schorns Justus, sagt ihr? Und er sah doch aus, wie wenn er eben aus dem Paradies käme!“

„Schorns Justus, ja!“, sagte die Mutter. „Der hat den Gaul in die Schwemme geritten, und da ist er ihm wahrscheinlich durchgegangen. Wie könnte sich der Mensch sonst so sehen lassen! Eingesteckt müsst er werden. Und wer weiß, ob ihn der Landjäger nicht noch einsteckt! Geschäh ihm recht. Am helllichten Sonntag so eine Unzucht zu treiben!"

Da war aber das Töchterchen anderer Meinung. „Ach, Mutter, was kann denn der Justus dazu, wenn ihm der Gaul durchgebrannt ist!"

„Sei still, du! So Sachen gehen dich noch nichts an. Wie kommst du nur auf so dumme Gedanken: das wär ein Reiter aus dem Paradies?" Und sie examinierte ihre Tochter.

Das Mädchen wurde verlegen und schämte sich seines Ausrufs, der gutem Glauben entsprang. Es hätte gern geschwiegen. Als aber die Mutter nicht nachließ, gestand es, dass ihnen der Herr Hauptlehrer in der letzten Woche vom Paradies erzählt habe, von Adam und Eva. Und dass sie aus der Bibel gelernt hätten: „Sie waren beide nackend, der Mensch und sein Weib, und schämten sich nicht." Wozu sie sich auch hätten schämen sollen! Sünde hätten sie noch keine getan gehabt. – Das hatte die Marieba alles in der Schule gehört.

„Aber der Justus muss sich schämen!", fuhr die Mutter das Mädchen an. „Sein Lebtag muss er sich schämen für so etwas!"

Marieba verstand den Zorn und die Entrüstung ihrer Mutter nicht und dachte: „Über so etwas? Was mag das sein, *so etwas*? Und warum soll sich der Justus sein Lebtag schämen? Wenn ich später mal so einen Mann kriegte, den nähm ich auf der Stelle."

Indessen war der Reiter im elterlichen Hof angelangt. Ein Schwung vom Pferd – das wusste den Weg zum Stall allein – ein Sprung zur Haustür und ein Griff an die Türkleppe. Verflixt! Zugeschlossen! Da sollen doch dreimal drei Donnerwetter hineinschlagen! Er rüttelte, tobte, wütete.

„Donnerkiel, macht doch auf! So macht mir doch auf, ihr ... ihr ...“

Vergeblich war sein Rütteln und Reißen, sein Poltern und Fluchen. Zeit zum Besinnen blieb ihm kaum. Denn da unten kam schon die lärmende Schuljugend zusammen. Er sprang über den Hof und dem Braunen nach in den Stall. Da stand er schon an seinem Platz und tat, als sei gar nichts gewesen. Justus sah sich um. Kein menschliches Wesen in der Nähe. Nur die Kühe wandten die Köpfe nach ihm und blickten ihn mit großen Augen an. Ihm war's, als müsste er sich schämen.

„Ach was!“, dachte er. „Das liebe Vieh hat ja auch keine Lumpen an. Den Kopf kann ich mir nicht abreißen wegen dem Teufelsstreich, den mir dieser kleine Satan gespielt hat.“ Er hakte die Stalltür von innen zu, kletterte auf die Haferkiste unter dem Fenster und lugte durch die halb blinden Scheiben. Drüben ließ sich keine Menschenseele sehen. Die Eller wird auf dem Kirchhof sein. Da steht sie an Ellervaters Grab, in den Händen das Gesangbuch und darauf die weiße Salvete mit dem Resedazweiglein oder dem Wermutsträußchen. So wartet sie auf das Zusammenschlagen der Glocken. Und dann geht sie in die Kirche. Die Mutter wird im Garten sein und Suppengrünes holen, vielleicht auch einen schönen Strauß auf den Tisch. Und der Vater ist vor der Kirche noch schnell zu Kätters Hann-Arem (Johann Adam) gelaufen, der ihm jeden Sonntag den Bart abkratzt. - Ja, so war das. Und nun konnte er, wer weiß wie lange, hier im kühlen Stall sitzen. Es fror ihn fast.

Als er wieder durch das spinnwebverhangene Fenster

lugte, sah er den Jungenschwarm, der ihm mit lustigem Geschrei gefolgt war, auf den Hof treten. Die Buben lachten und schwatzen in ausgelassenster Weise. Da winkte er sich einen heran: „Bst, Hermche, bst! Komm mal her! Lauf doch mal geschwind ans Wasser und hol mir meine Sachen!“

Hermann flitzte los und seine Freunde mit ihm. Es war ihnen ein heilloser Spaß, dem nackigen Reiter einen Botendienst zu tun. Konnte man doch später jederzeit sagen, man wäre auch dabei gewesen. Nach einer ziemlichen Weile sah Justus die Buben zurückkommen. Sie reichten ihm die Kleider durch den Türspalt zu, so dass er bald als ordentlicher Mensch den Hof betreten konnte.

Die Nachbarn lachten ihn an: „Das war dir aber eins, Justus! Das Stück macht dir nicht ein jeder nach!“

„Wär auch zu viel verlangt“, gab der Justus zur Antwort. „Wenn ihr mal nichts Schlimmeres erlebt auf dieser Welt, dann könnt ihr dem Herrgott danken!“

„Hast Recht, es ist das Schlimmste net.“

Der Justus wollte sich nicht ärgern, durchaus nicht, und wenn auch das ganze Dorf lachte, dass der alte Kirchturm wackelte. Immer lachen lassen. Den Gefallen, sich zu ärgern, tat er ihnen nicht.

Aber seine Mutter kränkte sich sehr. „Ach Jung', Jung', was machst du denn für Sachen! So etwas ist ja seit Menschengedenken noch net da gewesen! Deinetwegen könnt ich mir die Haare vom Kopf reißen!“

„Tu das lieber net!“, sagte der Vater, der die Sache nicht so schlimm ansah. „Mit deinem Ärger machst du's um kein Lot besser. Geschehen ist geschehen. Damit müssen wir uns abfinden. Es kann kein Schimpf auf ihm hängen bleiben.“

„Ja, ja, du wirst's sehen, dass doch ein Schimpf auf ihm hängen bleibt. Du weißt doch, wie schlecht die Menschen sind, gerade gegen uns. Dass unsere Anna so Glück gehabt und den Hauptlehrer gekriegt hat, das verzeiht uns so leicht keiner."

„Keine, willst du sagen!", warf der Vater ein.

„Ja, die Weibsleut besonders; die nehmen nur schwer Vernunft an, wenn sich um einen Kerl gerissen wird. Und es kann ihn doch immer nur eine kriegen. Ach, Justus, was werden sie uns den Schimpf gönnen, den du uns angetan hast!"

Ruhig meinte der Justus: „Seid doch net närrisch, Mutter! Ist das denn ein Unglück? Ein Unglück wär's, wenn ich ein Kind oder sonst einen Menschen zum Krüppel geritten hätt'. Aber so, Mutter, was ist denn dabei!"

„Und eine Frau kriegt er auch noch!", lachte der Vater. „Da hab ich nun mal keine Angst. Er kriegt noch zwei für eine."

Da musste der Justus lachen, so ärgerlich ihm auch vorhin noch die Sache gewesen war.

„Aber am helllichten Tage so nackig durchs ganze Dorf zu reiten", jammerte die Mutter, „nein, nein, das verwind ich net."

„Na, nun bitt' ich dich aber um drei Gebind' Sauermilch!", scherzte der Bauer und fuhr mit schalkhafter Derbheit fort: „Sei froh, altes Schätzchen, dass dir's net passiert ist!"

Da wurde die Bäuerin aber böse.

„Alter Schaude", schalt sie, „willst du mich zum Narren halten? Da musst du früher aufstehen!" Und schon war sie draußen und schlug die Tür hinter sich zu, dass die Wände zitterten.

Der Bauer lächelte fein; er wusste, das schlechte Wetter hielt bei seiner Frau nicht lange an. Und auch der Sohn schmunzelte leise.

„Nun sag aber mal, wie ist das denn eigentlich gekommen?", fragte der Vater.

„Wie das gekommen ist? Ja, das ist auf eine ganz dumme Art zugegangen."

„Und wer war der Dumme? Doch wohl du?"

„Das werdet Ihr gleich hören." Und nun erzählte er: Er ritt zur Schwemme. Hatte seine Stallkluft noch an und wollte bis zum Andermal-Läuten längst wieder daheim sein. Im Wasser tat er den blauleinen Kittel aus und warf ihn vom Gaul herab auf den Uferrain, streifte die Hosenbeine hoch, planschte in die Wellen, die über den Kieselgrund flossen, saß ab und spritzte dem Braunen das Wasser an Hals und Flanken, dass sich der spielende Mückenschwarm vor den Spritzern hob und wieder senkte wie ein feines, wiwwelndes Wölkchen.

Wie er so dem Braunen das Behagen des Bades bereitet, ruft ihm Riehls Peter, der Schlingel, vom Ufer her zu: „Justus! Du, Justus!"

„Was ist denn los?"

„Reit doch einmal ganz tief ins Wasser, mitten hinein, und lass den Gaul mal schwimmen!"

„Wenn du weiter nichts willst! Den Spaß kann ich dir machen. Aber da muss ich erst schnell mein Zeug ausziehen, dass es net nass wird."

Er führt den Gaul heraus, gibt ihn dem Peter zu halten, warnt: „Dass du mir aber keine Possen machst! Der Gaul scheut leicht, und wenn er erst ausreißt, dann ist er net zu halten!" – und wirft die Kleider von sich. Wie ihn der

Herrgott geschaffen, sitzt er auf und will mitten in den Fluss hineinreiten. Was tut aber der Peter, dieser Ausbund von Junge? Bewirft das Pferd mit Steinchen, sodass es ganz unruhig wird.

Der Reiter droht mit der Faust hinüber: „Gewitterhund, lass mir deine Dummheiten sein! Sonst färb ich dir das Fell blitzblau!“ Der aber lacht, rafft gleich eine ganze Hand voll Steinchen auf und zwickt den Braunen an die Beine, dass er rasend ausschlägt.

An den Hals geklammert, schreit der Justus: „Hör auf! Hör auf, du ...! Windelweich wirst du gegerbt, wenn ich dir rauskomme!“

Hilft aber alles nichts. Der Peter lacht aus vollem Hals über die Bocksprünge des Zirkusreiters im Wasser und kümmert sich nicht die Bohne um sein Zetermordio.

Und da kam denn das Unglück, das kommen musste: Der Gaul ging durch und raste mit dem Reiter davon. Dass er nun gerade ins Dorf sprengte, dafür hätte er eigentlich den Schinder verdient. Aber das half nun auch nichts mehr. Ungefähr so lautete der Bericht des Sohnes.

„Dass du dich aber gerade von Riehls Peter musst an der Nase rumführen lassen“, sagte der Vater, „das ist das Allerärgste an der Sache. Von so einem ganz Ausgeheckten, wie auf Stunden weit nicht einer leibt und lebt. Das hättest du doch wissen können!“

„Wer denkt denn am heiligen Sonntag gleich an so ’ne Schlechtigkeit!“, meinte der Justus und ließ den Kopf hängen. Er wusste: Seine allzu große Vertrauensseligkeit hatte ihm diesen Streich gespielt.

„So einem geht man doch net auf die Leimrute. Und hier ist der Punkt, Junge, wo dich das Leutgespött treffen wird.

Und das mit Recht. Aber was ist da zu machen? Lass dir's als Warnung gelten!"

Damit war für Bauer Schorn das Reiterstückchen seines Jungen abgetan.

Nun aber kam der Herr Hauptlehrer zu Besuch, der Anna, die einzige Schwester des Sonntagsreiters, geehelicht hatte. Er war sehr streng, sehr korrekt und untadelig in allen Dingen. Heute hatte er die Orgel gespielt und nach dem erbaulichen Gottesdienst von dem scheußlichen Skandal, der wie ein Heckenfeuer das Dorf durchlief, vernommen. Seiner Eheliebsten hatte er befohlen, zu Hause zu bleiben; er habe mit seinem verehrten Schwager ein kräftiges Wörtlein zu reden.

In wortloser Wut kam er an und wurde noch wütender, als er auf allen Gesichtern Ruhe und Gleichmut entdeckte. Nur die Schwiegermutter zeigte noch Spuren der Erregung. Mit verbissenen Lippen trat er an seinen Schwager heran. Gewitterschwüles Schweigen herrschte sekundenlang.

„Du machst ja feine Sachen!", sagte er dann recht gallig und von oben herunter.

„Sind meine Sachen, Schwager, nicht deine!", wehrte Justus gelassen ab. Er lachte nicht, denn er wusste, mit seinem hochfahrigen Schwager würde es einen ernsthaften Strauß geben. Der hielt sehr auf Reputation und war nun gewiss der Meinung, jetzt sei sie beim Teufel.

„Alle Welt lacht über dich und über uns!", warf er ihm zornschnaubend vor.

„Da wär's gut, wenn der Herr Schwager mitlachte!"

„Was! Lachen! Hinter die Ohren will ich dich schlagen, Kerl, dass du denkst, Ostern und Pfingsten fällt auf einen

Tag!“ Und schon war dem Zornbebenden, ohne dass er’s recht wollte, die Hand ausgerutscht. Ein klatschender Schlag zeigte das erreichte Ziel an.

„So rechne ich ab mit dir!“ Das klang grob und hart und sollte seine anfängliche Erschrockenheit verbergen. Denn nun blieb ihm weiter nichts übrig, als sich mutig zu seiner Ohrfeige zu bekennen, die seit einem Augenblick allerdings nicht mehr ihm, sondern seinem jungen Schwager gehörte.

„Und so ich mit dir!“, sagte Justus, griff nach dem Kleiderhaken, an dem eine neue, noch kaum gebrauchte Peitsche hing, und zog seinem Herrn Schwager einen gepfefferten Hieb über die Beine. „Und nun machst du, dass du hinauskommst! Sonst bring ich dich auf den Trab!“

„Nun treibt mir’s aber nicht zu arg, ihr zwei!“, griff der Bauer ein. „In meinen vier Wänden gibt’s keinen Unfrieden. Dich geht’s ’ne Hundsbirn an, wenn ihm der Gaul durchgeht!“ Das galt dem Schwiegersohn. „Und du, du kannst dir wohl denken, dass es ihm ärgerlich ist, sehr ärgerlich, schon wegen der Kinder und dem schuldigen Respekt, den sie vor ihm haben müssen. Du kannst ja nichts dazu, das muss ich sagen. Aber Frieden kannst du halten!“ Das war an den Sohn gerichtet.

So wahrte der Vater den Frieden des Hauses.

Das Dorf wurde von Lachen geschüttelt wie ein breitwipfeliger Birnbaum vom Wind, der die reifen Birnen nur so herunterhoppeln und bobbeln lässt. Vor allem lachte man darüber, dass sich der ehrliche Justus mit seinen zwanzig Jahren von einem ganz gerissenen Zwölfjährigen einen Sack über den Kopf stülpen ließ.

Noch auf lange Zeit war dieser Sonntagmorgenritt der wichtigste Gesprächsstoff im Dorf und in der Nachbarschaft. Besonders das junge Volk nutzte den Spaß weidlich aus. Die Burschen foppten und neckten ihren Altersgenossen und prophezeiten ihm drei Jahre Dienst bei der leichten Kavallerie. Die ehrbaren Mägdlein mit den braunen und blonden Haarkränzen steckten die Köpfe zusammen und wisperten und bisperten und kicherten – und guckten mit verschämten Blicken unter der Stirn hervor, wenn Schorns Justus sich blicken ließ. Sie alle hätten den nackenden Reiter auf dem wilden Braunen gar gern gesehen, denn er war der schönste Bauernbursche weit und breit. Aber laut sagen durfte man so etwas nicht. Die das Glück, ihn zu sehen, nicht gehabt hatten, beneideten heimlich die anderen, die glücklicher gewesen waren. Blind war keine einzige von ihnen geworden.

Durch dieses Gewisper und Gelächter war der Justus doch ein wenig ein scheuer Vogel geworden, der sich von den Zusammenkünften und Unterhaltungen des jungen Volkes fern hielt. Er glaubte deutlich zu merken, wie ihn die Spott- und Klatschsucht des Dorfes nicht loslassen wollte. Da blieb er für sich allein. Liebeswege schien der Begehrte zu meiden.

Als er aber bald die dreißig auf dem Buckel hatte und auch die Marieba in ihre Jahre kam, da spann sich heimlich etwas an zwischen den zweien, das sie mächtig zueinander zog. Und sie wurden ein schönes, glückliches Menschenpaar. Frau Marieba konnte die Vorstellung aus ihren Kindertagen nicht los werden, dass der Justus auf dem geradesten Wege aus dem Paradies in ihr Leben gekommen sei.

Gustav Baist

Gänse bauen Häuser

Gänse bauen Häuser, aber Kühe stoßen sie ein, ist ein Sprichwort in Nussberg bei Ringburg (Grünberg). Das kam daher, dass ein fleißiger armer Mann als Gänsehirte sich ein Haus baute, der Kuhhirte aber durch Schnapstrinken sich um Haus und Hof brachte. Man spottete hiermit über den Kuhhirten, der doch ein angeseheneres Geschäft und ein besseres Einkommen hatte als der arme Gänsehirte. Ich habe als Knabe von dieser Geschichte erfahren, weil mein Vater damit zu tun hatte.

Von Nussberg kam nämlich an jedem Montag ein Mann namens Fürst in unseren Laden und fragte, ob nichts in die nächste Groß- und Handelsstadt zu bestellen wäre. Am Mittwoch kam er mit seinem Schiebkarren zurück, kaufte Waren und bezahlte sie und fuhr damit nach Nussberg. Für diese Waren ertauschte er Butter und Eier, die er in der Großstadt verkaufte. Der Mann war sehr bescheiden und gewann das volle Zutrauen meines Vaters. Diesem war bei einer Gant (Versteigerung) Pferd und Wagen zugefallen, und als am Montag darauf der Händler Fürst mit dem Schiebkarren kam, bot ihm mein Vater alles zu hundertfünfzig Gulden an. Er solle bezahlen, so oft er etwas erübrige. Der Schiebkärrner Fürst ließ den Schiebkarren stehen, lud seine Last auf den Wagen und fuhr jauchzend und mit der Peitsche knallend davon.

Am Mittwoch kam er nicht zurück, und mein Vater sah ihn nicht wieder. In seiner Freude hatte der Mann zu viel getrunken, hatte im Trunke gespielt und alles verloren – auch den Wagen und das Pferd – und war als Lump nach Hause zurückgekehrt. Meinen Vater betrübte das tief, weniger der Verlust seines Eigentums, als der Ruin des leichtsinnigen Menschen.

Nun hatte der Fürst ein Haus in Nussberg, und in der Ringburger Waisenstiftung hatte er ein Kapital darauf entliehen. Da er acht Kinder hatte, verzichtete mein Vater darauf, ihn auszuklagen. Aber Fürst ließ das Haus zerfallen, besserte das Dach nicht aus, der Regen floss in das Gebäude und ruinierte den Bau. Zugleich bezahlte er von nun an keine Zinsen mehr, und die Waisenstiftung kündigte das Kapital. Ebenso kam der Befehl, das Haus einzureißen.

Da mein Vater als Magistrat in der Waisendeputation war, wurde ihm übertragen, zu retten, was zu retten war. Bei der Versteigerung erhielt die Stiftung den Zuschlag, ein Zimmermann akkordierte den Abbruch, und mein Vater versteigerte die Materialien. Nun war aber das Haus an das des Maurer Roller gebaut, und als das Fürstische Haus abgebrochen war, senkte sich das Rollerische so, dass auch dieses abgerissen werden musste. Roller hatte nicht den Mut, das selbst zu tun. Sein Kapital stand auch bei der Waisenstiftung, und wieder ging es, wie bei dem Fürstschen Haus. Diesmal blieben aber der Stiftung hundert Gulden Gewinn.

Mein Vater besuchte nun den ihm befreundeten Pfarrer in Nussberg. Ich war mitgefahren und hörte mit dem Erstaunen eines Knaben, wie der Pfarrer meinen Vater bat, dass er ihm die hundert Gulden für Roller übergebe, damit er diesem ein Haus bauen könne.

Mein Vater sagte: „Um Gottes willen, Herr Pfarrer, wie wollen Sie mit hundert Gulden ein Haus bauen?“

Aber der Pfarrer sagte: „Herr Traugott, verschaffen Sie mir das Geld. Ich gehe zum Herrn Dekan, und wenn der und Sie darin einig sind, dann wird die Waisenstiftung an dem ehrlichen Roller nicht reich werden wollen."

Mein Vater sagte: „An mir soll es nicht fehlen, nur entschuldigen Sie meine Teilnahme, nennen Sie dieselbe nicht Neugierde, und sagen Sie mir: Wer soll für hundert Gulden das Haus bauen?"

Der Pfarrer lächelte freundlich: „Herr Traugott, die Gänse sollen es bauen. Und ich erstatte Ihnen in diesem Herbst Bericht, wenn es geschehen ist, und Sie werden das Haus sehen. Aber die hundert Gulden muss ich haben, sonst bringen es die Gänse nicht fertig."

Indem kam die Frau Pfarrer, brachte Kaffee, Brot, Butter und, o Augenlust für mich, Bienenhonig und sagte: „Fritz, was willst du, Apfelblüte, Kleeblüte oder Lindenblüte?" Da standen die drei Sorten Honig, der eine weiß, der andere gelb, die Lindenblüte etwas grün, und ich durfte mir wählen, meinte, die Apfelblüte sei am besten, der Äpfel wegen. Den zog der Pfarrer selbst. Nachher ging man in den Garten, sah Bäume, Trauben, Rosen und Blumen und Salatbeete, und beim Abschied sagte der Pfarrer noch: „Vergessen Sie meine Gänse nicht."

Kaum waren wir zu Hause, so kam auch unser Bürgermeister, ein behäbiger Rotgerber, und fragte: „Wie ging es in Nussberg? Ist wieder Geld verloren?" Mein Vater sagte: „Hundert Gulden sind Überschuss vorhanden."

Der Bürgermeister sagte: „Das kann die Waisenstiftung brauchen."

Aber mein Vater erwiderte: „Nach dem Buchstaben des Gesetzes gehört das Geld der Stiftung, aber nach dem Gesetze der Billigkeit trage ich darauf an, dass wir das Geld dazu verwenden, dass der arme Roller ein Obdach für sich und seine fünf Kinder gewinnt. Geben wir ihm das Geld in die Hand, so verzehrt es die Armut der Familie. So will es aber der Pfarrer in die Hand nehmen und will ihm ein Haus bauen, das für die armen Leute genügt; und der bringt es fertig, dafür kenne ich ihn. Er sagt, die Gänse sollen helfen."

Als mein Vater dies so unvermittelt sagte, hielt sich der Bürgermeister beide Seiten vor Lachen und sagte: „Nun, diese Geschichte geht über Bileams Esel. Ich habe vom Nussberger Pfarrer schon viel gehört, er soll ein Hauptmucker sein, aber dass er solche Geschichten macht, das ist zu närrisch."

Mein Vater erwiderte: „Mucker hin, Mucker her, wenn nur alle Pfarrer fertig brächten, was er fertig gebracht hat. Die Nussberger hatten früher die größte Räuberbande weit und breit, jetzt sind sie ehrlich. Ehe der Pfarrer hinkam, tranken sie jährlich dreizehntausend Liter Schnaps in ihren Wirtshäusern, nach drei Jahren nicht den vierten Teil. Früher betrugen die Mahn- und Pfandkosten zweitausendvierhundert Gulden jährlich, jetzt gibt es keine mehr, wenigstens fast keine. Wenn früher ein Nussberger Waren bei mir holte, gab ich sie nicht her, bis er bezahlt hatte. Jetzt hat jeder Nussberger bei mir Kredit. Der Mann, der das fertig bringt, bringt auch fertig, dass ein armer Mann sich ein Häuschen baut, mögen die Gänse dabei sein oder nicht."

Der Bürgermeister sagte darauf, er habe solchen Spaß an dem Gedanken, dass er dafür stimmen werde, dass man dem Pfarrer die hundert Gulden für den Roller anvertraue.

Am folgenden Tag erschien auch schon der Herr Pfarrer

bei meinem Vater und sagte, dass der Dekan ihm seine Stimme zugesagt habe. Und so erhielt der Pfarrer die hundert Gulden für Roller. Er sandte darauf Roller zu den Nussberger Gemeindevorstehern und ließ ihn um Übertragung der Gänsehut bitten, damit er sich ein Haus bauen könne und nicht ins Armenhaus ziehen müsse. Das wirkte, und er bekam die Hut, erhielt von zweitausend Gänsen viertausend Pfund Brot und einen Lohn an Geld.

Über der Gänseweide war ein kleiner Steinbruch, darin brach er die nötigen Steine, und da der Pfarrer den ersten Wagen umsonst mit seinen Pferden zur Baustelle fahren ließ, so fuhren die Bauern auch umsonst so viele Steine, als er noch nötig hatte. Unten an der Gänseweide war Lehm. Wenn die Gänse ruhig weideten, machten die Kinder Lehmsteine, und die Bauern, welche Dünger gefahren hatten, nahmen dieselben umsonst mit in einen leeren Stall im Pfarrhof, wo sie austrockneten. Ein Garten vor dem Dorf wurde für siebzig Gulden gekauft. Aus dem Fundament ergab sich so viel Lehm, dass er zum Bau genügte.

Der Oberförster war ein Freund des Pfarrers. Auf dessen Bitten wurden für Roller so viele abständige Tannen gefällt und als Brennholz wohlfeil berechnet, dass Holz genug da war. Roller grub und mauerte alles selbst, und die Handwerker arbeiteten auf Kredit. Zu Ziegeln, Latten, Türen und Fenstern und Ofen waren noch zweihundert Gulden nötig. Das Haus wurde auf sechshundert Gulden taxiert, und so konnte Roller leicht die zweihundert Gulden darauf leihen. Zuletzt hatte er ein Haus, besser als das frühere, und ein geringeres Kapital zu verzinsen als vordem. Und das wurde ihm möglich durch die Gänsehut!

Und das ist noch das Schönste, dass der leichtsinnige

Fürst jetzt ernst und nüchtern wurde, im nächsten Jahre die Gänse hütete und sich auf diese Art auch ein Haus baute.

Also hat die christliche Liebe auf diesem Wege durch die Tiere zwei Häuser gebaut.

Ich habe zugehört, wie mein Vater dem fröhlichen Bürgermeister das alles erzählte. Der lachte nun nicht mehr und sagte: „Ich tue meinen Hut ab vor diesem Pfarrer und seinen Einfällen, und tue Abbitte für das unartige Wort Mucker.“

Georg Ludwig Heinrich Lang

Die Liebe höret nimmer auf

Seit Jahren gingen sie miteinander, beide Kinder des alten Städtchens Münzenberg in der Wetterau: der stramme, ernste Konrad und die bewegliche, immer heitere Marilis. Sie war die Stütze und Pflegerin der kranken Mutter, die nicht mehr von ihrem Lager aufstehen konnte. Ihr leuchtendes Auge brachte Sonnenschein, ihre taufrische Stimme Lerchenschlag ins Krankenzimmer. Und wie war sie erst die Freude und Wonne des stattlichen, biederen Bauernburschen, an dessen Schulter sie sich abends auf der Bank vor dem Hause zutraulich lehnte wie die blühende Heckenrose an den knorrigen Stamm des Eichbaumes!

Wenn die Sonne sank, so hob das schmucke, zierliche Mädchen den Kopf und schaute die lange Gasse hinab, ob er wohl bald komme, der ihr Ein und Alles war; nicht nur ihr Bräutigam, auch ihr Bruder und ihr Vater, denn beide waren ihr längst genommen worden.

Konrad ließ sie nicht vergebens warten. Ernst und würdig, aber strahlenden Auges schritt er die Straße entlang, und sein Mädchen flog ihm entgegen wie die Morgenröte dem mächtigen Felsenhaupt.

Stets brachte er ihr eine kleine Gabe mit: je nach der Jahreszeit einen Fliederzweig oder eine Rose, ein Körbchen mit Kirschen, einen rotwangigen Apfel oder eine saftige Birne.

Für die Mutter aber zog er stets ein frisch duftendes Weißbrot aus der Tasche. Jedes Mal zankte die Kranke, und jedes Mal verzehrte sie es mit sichtlichem Appetit.

Die jungen Leute hätten schon im Februar 1812 Hochzeit machen können, aber sie wollten warten, bis die Kranke soweit genesen sei, dass auch sie am Ehrentag der Tochter mit zur Kirche ziehen könne. So wurde die Trauung hinausgeschoben, bis das sieche Weib eines Abends sagte: „Ihr Kinder, seid nur nicht bös, dass ich euch noch im Weg stehe. Aber es wird bald eine Veränderung eintreten. Dann seid ihr frei und ich nehm' euch den Platz nicht mehr weg hier in der Hütte. Sie gehört euch dann ganz allein."

Marilis schluchzte und bat: „Führt doch keine so traurige Rede!"

Und der rechtschaffene Konrad wies die Kranke ernst zurecht, dass sie kleinmütig sei und die Hoffnung aufgebe. „Die Hoffnung ist auch eine Arznei", sagte er. „Merkt euch das Sprüchlein: Mische jeglicher Arznei auch ein Tröpflein Hoffnung bei! Haben wir euch übrigens jemals gezeigt, dass Ihr uns zu viel seid? Ihr sterbt noch lange nicht!"

Aber die Alte behielt Recht. Schon nach drei Wochen ruhte sie in der Reihe jener stillen Leute, die sich einander nimmer im Schlaf stören.

Das junge Paar trauerte aufrichtig um die Heimgegangene. Aber Marilis richtete nun in emsiger Arbeit das Häuschen so her, dass es ein gar heimeliges Nest für ihren besten Freund auf Erden darstellte. Da ward gescheuert, gehobelt, geweißt und gesägt; da ward gewaschen und gebügelt und aller Hausrat neu hergestellt und aufgefrischt, so dass ihren Konrad an jedem Abend freudige Überraschungen erwarteten. Marilis sah mit Wohlgefallen auf ihr kleines Reich; ihr größter Stolz aber war das mächtige Bett, dessen Decke mit Federn, die sie seit Jahren gesammelt hatte, übervoll gestopft war.

Wenn nun Konrad manchmal daran erinnerte, dass es doch an der Zeit sei, die Hände vor dem Altar zusammenzutun, da bat sie immer noch um einige Frist, weil die Trauerzeit um die Mutter nicht zu Ende sei.

Konrad trug sich mit der Sorge, es könnte bei der Ruhelosigkeit Kaiser Napoleons wieder zu Aushebungen für die hessischen Regimenter kommen. Dann musste er gewärtig sein, dass man ihn als einen kerngesunden, starkknochigen Oberhessen wohl nicht übergehen werde. War er aber verheiratet, so wurde bei der Musterung von ihm als einem Ehemann Abstand genommen. Auch deswegen kam ihm die Verzögerung ungelegen.

Endlich konnte der Tag der Trauung bestimmt werden. In vier Wochen sollte eine stille Hochzeit gefeiert werden und das wackere Paar seinen Einzug halten in Marilis' Häuschen, das zierlich und nett wie eine Puppenstube nur auf den jungen Eheherrn und seine frühlingsfrische Gattin wartete.

Da kam Konrad eines Tages ganz gegen seine Gewohnheit schon am Vormittag in tiefer Erregung zu Marilis gestürzt mit der Schreckenskunde, dass er soeben zur Musterung befohlen sei. Marilis runde, rosige Wangen wurden bleich und durchsichtig wie Wachs. Sie sank am Herd zu Boden, und Konrad musste sie wie eine Kranke aufheben und zur nächsten Bank tragen.

Als sie wieder zur Besinnung kam, warf sie sich in wilder Leidenschaft an die Brust ihres tief erschütterten Freundes und schluchzte: „O Konrad, ich bin's, die dich dem Kriegselend preisgibt und unser Glück für immer zerstört! Umsonst hab ich mit Herz und Hand an unserm Nestchen gebaut, du wirst nimmer drin wohnen! Du wirst marschieren müssen und nicht wiederkommen! O, mein unverständiges Hinausschieben der Trauung! Wären wir verheiratet, so würden wir nicht getrennt. – O Mutter, o Mutter, was hab ich getan! Das war nicht nach deinem Sinn und Willen; und ich zögerte doch nur gerade im Andenken an dich."

Konrad hielt sie sanft im Arm wie ein fieberndes Kind und unterbrach nicht den Notschrei ihres gepressten Herzens. Dann aber sprach er ihr gar milde und beruhigend zu wie der Vater einer geliebten Tochter. Immer wieder suchte er Trostworte für die Untröstliche zu finden.

„Noch ist es ja eine Frage, ob ich bei der Musterung tauglich befunden werde."

„Du nicht tauglich? Dann kann der Kaiser seine ganze Armee heimschicken!"

„Nun gut, ich mag tauglich sein und ins Feld ziehen; aber kann ich nicht wiederkommen? – Es wird dann freilich noch eine gute Weile dauern, bis wir unter einem Dache wohnen. Doch du hütest derweil unser Häuschen fein, und wir sind später um so glücklicher!"

Da ließ Marilis langsam die Arme sinken, schüttelte ungläubig ihr anmutiges Köpfchen und weinte still vor sich hin. Endlich fand sie wieder Worte und flüsterte mit tonloser Stimme: „Konrad, ich will dir dein Häuschen – es ist in meinen Augen schon längst dein wie mein Haus – pflegen und bewahren wie einen teuren Schatz, der mir anvertraut wurde für bessere Zeiten; aber wiederkommen musst du! Ich will ja die Trennung und die Einsamkeit ertragen, ich will immer noch mehr an unserem Nestchen bessern und unseren Acker bestellen, dass es eine Art hat. O, ich bin stärker als du glaubst! Und wie ich tagsüber für dich arbeite, so bete ich abends für dich. Nur soll mir keiner die Hoffnung auf ein Wiedersehen nehmen, sonst breche ich zusammen, noch ehe du mich verlässt."

„Das ist gut gesprochen!", rief Konrad. „O Marilis, wie oft haben wir gesungen: ‚Wenn die Hoffnung nicht wär', so lebt' ich nicht mehr!' Lass uns voll Mut und Vertrauen der Zukunft entgegengehen und auf ein gutes Ende hoffen!"

Noch lange saßen sie innig vereint beieinander, und als Konrad endlich schied, waren beide gefasst. Sie nahm auch mit Fassung die Nachricht auf, dass der blondköpfige Chattensohn zur Fahne ziehen musste, um dem furchtbaren Kaiser nach Russland zu folgen.

In aller Eile wurden die nötigsten Vorbereitungen getroffen. Sein einziges Stückchen Land und Wiese wollte er Marilis für den Fall seines Todes vermachen. Das Mädchen aber ließ es nicht geschehen. „Wofür den Umstand und die Kosten? Du kommst ja wieder!"

So kam die Abschiedsstunde. Konrad war zum Ausmarsch gerüstet. Das Tuch, in dem seine wenigen Habseligkeiten eingebunden waren, trug er auf dem Rücken an seinem Knotenstock, den er über die Schultern gelegt hatte wie ein Gewehr. Sein Mädchen am Arm, wanderte er aus der Heimat der Stadt Friedberg entgegen.

Noch einmal durfte er sein Auge mit stolzer Freude ruhen lassen auf seiner jugendlichen, lieblichen Braut. Noch einmal fühlte sie die Kraft des Armes, der ihr Stütze sein sollte fürs ganze Leben. Noch einmal durchflutete beide die Seligkeit innigster Herzensgemeinschaft, ehe der Schmerz der Trennung sie erschütterte. Wie oft blieb er stehen und schaute zurück zu den beiden Türmen, die den Burgberg seiner Heimat Münzenberg schmückten. Wie oft drückte er seine Marilis ans Herz, die freilich keine trillernde Lerche mehr war wie ehedem, sondern nur noch ein stilles Täubchen, das trauerte, dass es umsonst am Nest gebaut hatte. Beiden war zumute, als müsste sich die ewige Nacht über die Erde senken, wenn sie einander nicht mehr in die Augen sehen könnten.

Ein Trupp singender und lärmender Rekruten war ihnen schon ein gutes Stück Wegs vorausgeeilt. Da fasste Konrad plötzlich seine Braut, hob sie zu sich empor und rief: „Marilis, wir müssen scheiden; Gott behüte dich! Wir sehen uns wieder, ja, wir sehen uns wieder!“ Dann wandte er sich ab, presste die nervige Hand vor die Augen und eilte seinen Kameraden nach.

Sein Täubchen schlich heim, als schritt’ es vom Leben zum Tod.

War das noch die alte Heimat, die sie betrat? Alles schien verändert, umflort, verdüstert, ihre Heimstätte verödet. Als sie die Tür aufschloss, sprang ihr der Hund ihres verlorenen Freundes entgegen, den er ihr als ein treues Vermächtnis zurückgelassen hatte. Wohl begrüßte er sie freudig, aber sein Auge fragte besorgt: Wo hast du *ihn* gelassen? Warum bringst du unseren gemeinsamen Freund nicht zurück?

Sie warf sich schluchzend auf einen Stuhl, drückte den Kopf des zottigen Gesellen an sich und klagte: „Feldmann, wir sind bettelarm geworden! Umsonst fragst du nach deinem Herrn. Heute kommt er nicht, morgen auch nicht. Ob er je wiederkommt? Treues Tier, dein Herr hat dich mir anvertraut, dass wir gemeinsam auf ihn warten. O, Feldmann, wenn er eines Tages wieder hier in die Hütte tritt, ich glaube, wir kommen von Sinnen.“

Von nun an ging ihr der zottige Geselle nicht mehr von der Seite. Die Nachbarn sahen das trauernde Paar in Feld und Haus stets zusammen. Hund und Herrin waren sich gegenseitig ein Trost. So vergingen einige traurige Wochen.

Eines Morgen aber jauchzte sie: „Ein Brief, ein Brief!" Der Bote hatte ihn aus der Stadt gebracht, und Marilis jubelte zum ersten Mal wieder laut auf. Das waren die ungelenken und doch so lieben Schriftzüge seiner schweren Hand.

„Feldmann, pass auf! Ein Brief vom Herrchen!" Und sie las mit lauter Stimme: „Meine liebe Marilis! Das Soldatenleben passt mir nicht, aber was ist zu machen? Ich muss aushalten, und du musst aushalten, bis wir wieder zusammen sind. Du und ich und der Feldmann! Meine liebe Marilis! Ich glaube ja immer noch, dass ich gesund wieder zurückkomme; aber es wird lange währen. Wir sollen einen weiten Marsch unternehmen, wir sollen wahrhaftig nach Russland hinein."

Als sie diese Worte las, sank ihr die Hand mit dem Brief in den Schoß, und der Sonnenschein, der eben aus ihrem Angesicht gestrahlt hatte, war mit einem Mal erloschen.

„Nach Russland!", stöhnte sie. „Nach Russland! – O Himmel, wer wird von dort wiederkommen? Und wann werden sie wiederkommen? – O Feldmann, wir werden lange warten müssen, lange, lange!"

Sie wusste nicht viel von dem russischen Reich; aber sie empfand ein heimliches Grauen vor ihm. Endlos, kalt und düster war das Bild, das ihr bei dem Namen Russland vor die Seele trat. Sie barg ihr Angesicht in den Händen und weinte leise, während der treue Feldmann ihr die Pfote auf den Schoß legte und angstvoll zu ihr aufschaute.

Die Hessen hatten den endlosen Weg nach Osten angetreten und verloren sich in dem Menschenstrom, der unaufhaltsam weiter drang. Woche um Woche wartete die einsame Braut vergebens auf irgendein Lebenszeichen. – Da kam nochmals ein Brief mit den so derben und für Marilis doch so lieben Schriftzügen.

„Feldmann, er lebt noch! Freu dich doch, Feldmann, dein Herrchen lebt! Da ist ein Brief von seiner Hand!" Und sie berichtete ihrem zottigen Kameraden, wie viele Städte und Dörfer Konrad bereits gesehen hatte, dass keiner die Strapazen der beschwerlichen Märsche besser vertrug als er und dass er voll froher Hoffnung sei, den Weg auch wieder zurückzufinden.

„Ja, mein Feinslieb, ich werde wiederkommen!", so schloss der Brief und hauchte Zuversicht ins Herz der einsamen Braut. Wie der warme Sonnenstrahl nach dem Wettersturm die niedergedrückten Halme wieder aufrichtet, so hob sich der Lebensmut des braven Mädchens. Sie begann wieder eifrig an ihrem bescheidenen Besitztum zu bessern, pflegte ihre beiden Ziegen und besonders ihren guten Kameraden, den Feldmann. Er war ihr steter Begleiter, ihr Vertrauter, der nie von ihr wich. Nur wenn sie die Kirche betrat, durfte er nicht mitgehen. Das begriff er bald und saß geduldig vor dem Tor, bis seine Herrin wieder herauskam.

Warum aber blieb es jetzt so still? Wenn doch wieder ein Brief käme! – Der kam nun nicht, aber die Kunde von furchtbaren Schlachten kam. Napoleon hatte sie gewonnen. Natürlich! Wie konnte dies anders sein, wenn Konrad auf seiner Seite focht. Und sie freute sich, dass der Franzosenkaiser Sieger geblieben war; denn wo ihr Konrad kämpfte, da musste auch der Erfolg winken.

„Wenn er sich nur nicht zu weit hervorwagt! Er wird an mich denken und vorsichtig sein, denn er muss ja zurückkommen, ja, zurückkommen muss er." – Moskau, die alte Hauptstadt von Russland ward genommen.

„Jetzt gibt's Frieden, jetzt kommt mein Ein und Alles, mein Konrad! Feldmann, freu dich, dein Herrchen kommt!"

Aber der Friede kam nicht, und Konrad kam auch nicht.

Jahrelang wartet Marilis, so erzählt Georg Lang in der alten Geschichte, auf ihren Konrad. Der Hund stirbt, aber sie gibt die Hoffnung auf die Rückkehr des Bräutigams nicht auf. Sie wird absonderlich in ihrem Festhalten am Glauben, dass Konrad eines Tages wiederkommen wird.

Eines Nachts klopft eine übermütige Spinnstubengesellschaft Marilis heraus und ruft, der Konrad käme heim. Halb angezogen, in fliegender Hast eilt sie dem vermeintlich Ankommenden mit einer Laterne entgegen. Dabei stürzt sie im Dunkeln und verletzt sich schwer.

Zuletzt wird Marilis geistig verwirrt. Eine junge Nachbarin, Annemarie, pflegt sie. Die Erzählung endet:

Marilis war und blieb fügsam wie ein Kind. Nur am Nachmittag konnte sie niemand zurückhalten. Sie trippelte bis zur Steinbank, setzte sich nieder und richtete den sehnsüchtigen Blick unausgesetzt in die Ferne. Erst mit dem Abend kehrte sie langsam wieder zurück. Dann sagte sie wohl zufrieden wie ein Kind, das sich tröstet, dass es nur noch eine Nacht schlafen müsse, bevor das Christkind komme: „Annemarie, heut ist er ausgeblieben; aber morgen kommt er ganz gewiss!"

Niemand störte sie in ihrem stillen Wahn und Wesen.

Auch der Roheste empfand eine fromme Scheu vor der Heiligkeit des Unglücks, vor dem Elend eines gebrochenen Herzens.

Man sah sie, auf einen Stock gestützt, alltäglich hinausschleichen, und man wusste nicht anders, als dass sie während des Nachmittags auf der Steinbank saß und Ausschau hielt wie der Schiffbrüchige nach einem fernen Segel, dessen Nahen er vorerst nur ahnt.

Ihre Kräfte nahmen sichtlich ab. Senkte sich der Abend auf die Flur, so senkte sich mitunter auch der Schlummer auf ihre Augen, und sie vergaß den Heimgang. Dann holte sie die treue Annemarie mit nie versagender Liebe und Geduld.

„Annemarie, bist du's?", grüßte sie ihre treu besorgte Hüterin und setzte mit zufriedenem Ton hinzu: „Heute kommt er nicht, aber morgen!"

Trotz dichtem Nebel hatte sie sich wieder hinausgeschleppt und verließ auch nicht ihr Plätzchen, als die Nacht hereinbrach. Annemarie wartete ihrer daheim schon geraume Zeit. Endlich legte sie die Arbeit beiseite und seufzte: „Ich muss sie holen. Den Kaffee stelle ich ans Feuer, damit das arme Ding sich wärmen und erfrischen kann. Wie wird sie wieder steif sein und frieren!" Dann eilte sie durch das Dunkel der Nacht zur wohl bekannten Steinbank.

Da saß sie, die dünne, unscheinbare Gestalt, noch tiefer gebeugt als sonst und rührte sich nicht. Ja, sie war steif; steifer als Annemarie vermutet hatte; doch fror sie nicht mehr. Schluchzend nahm sie die treue Freundin auf ihre kräftigen Arme – sie wog nicht schwer – und trug sie heim. Aber sie legte die Tote nicht auf ihr ärmliches Lager, sondern auf das prächtige Bett Konrads und schmückte sie lieblich wie eine Braut.

Als man sie in die Erde bettete, dass sie ausruhe von ihren Wanderungen des Leibes und der Seele ihrem fernen Konrad entgegen, gab ihr die ganze Gemeinde das Geleit.

Nie hatte der Geistliche bewegendere Worte gefunden als am Grabe der ewigen Braut. Und sie klangen aus wie ein Hauch aus Himmelshöhen, als er endete: „Der Odem flieht; der Leib zerfällt; die Liebe höret nimmer auf!“

Anton Abt

Die Glockensprache

„Herr Pfarrer, gebt mir guten Rat!“, sprach die Hinterbauers Wittib (Witwe) eines Tages. Und der Herr Pfarrer gab zur Antwort: „Guter Rat ist teuer; aber weil Ihr's seid, sollt Ihr ihn umsonst haben.“

„Was soll ich tun, Herr Pfarrer?“, fuhr selbige Wittib fort. „Soll ich den Knecht nehmen, oder soll ich ihn nicht nehmen?“

„Welchen Knecht?“

„Ei, meinen Knecht, den langen Andres!“

„Nun, wenn Ihr den Knecht schon habt, was braucht Ihr Euch dann noch den Kopf zu zerbrechen, ob Ihr ihn nehmen sollt oder nicht?“

„Ach, Herr Pfarrer, Ihr wisst ganz gut, was ich damit meine. Seht, so eine allein stehende Wittib ist doch nur wie ein niedriger Gartenzaun. Über den kann jeder springen. Bedenket das weitläufige Anwesen, und lauter fremde Leute drauf! Knecht und Magd tun, was jedes mag; eine arme schutzlose Frau wird nicht geachtet! Sagt, wie soll ich schwache Person da allein fertig werden?“

Die Wittib griff wegen der aufquellenden Tränen nach einem Zipfel ihrer Schürze.

Der Pfarrer sprach: „Ja, wenn es so aussieht, dann tät' ich an Eurer Stelle den Knecht nehmen.“

Drauf die Wittib: „So habe ich auch schon gemeint. Aber dann denke ich wieder, das Heiraten ist wie ein Lotteriespiel. Da sieht niemand hinein, und selten glückt's. Mein

Seliger ist freilich ein guter Mann gewesen; aber die Männer heutigen Tages sind anderer Art, wollen den Herrn spielen, kommandieren, in die Wirtshäuser laufen. Und die Welt wird ja immer schlechter ..."

Der Pfarrer: „Hm, da kann ich euch nicht Unrecht geben. An Eurer Stelle tät' ich also den Knecht nicht nehmen."

Wieder die Wittib: „Wenn ich aber an meine zwei Buben denke, die mir mein Seliger hinterlassen hat, will mir doch gar bänglich ums Herz werden. Die schießen mit jedem Tag mehr in die Höhe, wie der Salat im Sommer, und sind kaum zu bändigen. Denen bin ich allein stehendes Weib nicht Manns genug. Da gehört eine Mannshand hin!"

Und wiederum der Pfarrer: „Ja, da habt Ihr freilich Recht. An Eurer Stelle tät' ich den Knecht doch nehmen."

Nun fing dieselbe Wittib laut zu heulen an: „Ach, meine guten, lieben, wilden Buben! Einen Stiefvater soll ich euch ins Haus bringen? Die Schmach soll ich meinen armen Kindern antun? Nein und nimmermehr! Mein Seliger würde sich ja im Grab herumdrehen, wenn ich solches täte ... Und dann die Leute, was würden die reden!"

Drauf abermals der Pfarrer: „Da habt Ihr als wieder Recht. An Eurer Stelle tät' ich den Knecht doch nicht nehmen."

Die Wittib aber war noch lange nicht beruhigt. Nachdem sich die bitterste Tränenflut einigermaßen verlaufen hatte, wollte sie mit einem neuen „Aber" fortfahren, worauf sich jedoch der Herr Pfarrer nicht weiter einließ.

Er sprach: „Auf die Weise kommen wir an kein Ziel. Wisst Ihr was? Horchet am nächsten Sonntag genau auf die Kirchenglocken. Und was die euch sagen, das tut!"

Und mit diesem Bescheid ging die Wittib voll großer Erwartung nach Hause. Kaum war am folgenden Sonntag der Gottesdienst beendet, als dieselbe Wittib wieder an des Pfarrers Tür klopfte und schier vor Freude strahlend in die Pfarrstube trat.

„Nun, haben die Glocken gesprochen?“, rief der Pfarrer ihr entgegen.

„Ei, freilich haben sie gesprochen!“

„Und was haben sie gesagt?“

„Nimm den Knecht ... Nimm den Knecht ... Nimm den Knecht – so hat das Glöcklein in einem fort gesagt!“

„Habt Ihr Euch auch nicht verhört?“

„Nein, ganz gewiss nicht, Herr Pfarrer; ich habe es ganz deutlich vernommen, wie das Glöcklein wohl an die zwanzigmal und mehr gerufen hat: Nimm den Knecht ... Nimm den Knecht ... Nimm den Knecht ...“

„Was gedenkt Ihr jetzt zu tun?“

„Natürlich nehme ich ihn nun, denn man darf doch einer Glocke nicht widersprechen.“

Und sie ging hin und nahm den Knecht.

Nach kaum sechs Wochen kam die wieder verehelichte Wittib unter vielen Tränen und schweren Vorwürfen zu dem Herrn Pfarrer. Ein über das andere Mal rief sie: „Ihr habt mir einen schönen Rat gegeben, Ihr! Ja, schönen Rat, schönen Rat!“

Der aber verwies ihr solches streng. „Hab' *ich* gesagt: Nimm den Knecht – oder wer hat es gesagt?“

„Die Glocke“, schluchzte das arme Weib, „die Glocke hat's gesagt, und die Glocke hat gelogen.“

„Nicht die Glocke hat gelogen, sondern Ihr habt Euch selbst betrogen. Ihr solltet hören, was die Glocken sagten, nicht was das einzige Glöcklein spräche, das man beim Erstläuten zieht. Ihr konntet's aber nicht abwarten, bis man zusammen läutete. Beim Zusammenläuten hättet Ihr eine ganz andere Sprache gehört, denn da hätten die Glocken gesagt: Nimm den Knecht nit – nimm den Knecht nit – nimm den Knecht nit! So Ihr ihn aber einmal genommen habt, vertragt Euch mit ihm und tragt Euer Los in Geduld!"

Merke: Was ein jeder will, das läuten ihm die Glocken.

Zu den Autoren

ABT, ANTON (Pseudonym: Walther von Münich) wurde am 26.12.1841 in Seelenberg (heute OT von Schmitten) im Taunus geboren. Er studierte in Mainz, widmete sich seit 1865 der Seelsorge, wurde 1866 Subregens in Montabaur, 1867 dort Gymnasiallehrer. 1873 wurde er als Bürgerschuldirektor von der Regierung dort nicht bestätigt, ging 1875 nach Bukarest, übernahm 1882 eine Kaplanstelle in Frankfurt am Main, war seit 1884 Pfarrer in Königstein, seit 1885 Domkapitular und Stadtpfarrer in Limburg. Er betätigte sich vorwiegend als Erzähler. Er starb am 16.2.1895 in Limburg an der Lahn.

BAIST, GUSTAV (Pseudonym: Friedrich Traugott) wurde am 10.1.1823 in Grünberg (Hessen) geboren. Sein Vater war der Landrat Johannes Baist. 1850 bis 1851 war er Verwalter, 1851 bis 1875 evangelischer Pfarrer in Ulfa (bei Nidda). 1875 wurde er wegen Nichtannahme der Kirchenverfassung entlassen, von 1877 bis 1883 war er Pfarrer in Döckingen (Bayern), seit 1883 in Dittenheim. Er starb am 2. 2. 1914 in Westheim (heute Hammelburg).

BOCK, ALFRED wurde am 14.10.1859 in Gießen geboren. Er erhielt den Ehrendoktortitel der dortigen Universität, 1922 den Georg-Büchner-Preis. Er starb in Gießen am 6.3.1932.

ECKSTEIN, ERNST wurde am 6.2.1845 in Gießen geboren. Er studierte Philologie, Philosophie und Geschichte in Gießen, Bonn und Marburg. Er schloss sein Studium mit der Promotion zum Dr. phil. ab. 1868 war er Korrespondent in Paris, 1870 in der Schweiz, 1871 in Italien, Spanien und in Salzburg. 1872 bis 1874 war er Redakteur der „Neuen Freien Presse" in Wien, 1874 bis 1882 arbeitete er als Redakteur der „Deutschen Dichterhalle", 1879 bis 1882 redigierte er das Witzblatt „Schalk" in Leipzig. Seit 1885 lebte er als Schriftsteller in Dresden, wo er am 18.11.1900 starb.

ESSELBORN, HELMA, geb. Ebel, wurde am 10.11.1879 in Gießen geboren. Sie lebte in Darmstadt, schrieb Jugenderzählungen. Sie starb in Darmstadt am 6.2.1963.

KEITER, THERESE (Pseudonym: M(arie) Herbert) wurde am 20.6.1859 in Melsungen geboren. Sie war die Tochter des Juristen Engelhard Kellner. Sie erhielt Privatunterricht in ihrer Geburtsstadt und besuchte dann die Ursulinenschule in Fritzlar. In Kassel besuchte sie sodann das Lehrerinnenseminar und legte die Prüfung als Sprachlehrerin für Englisch und Französisch ab. Durch ihre literarische Tätigkeit lernte sie Heinrich Keiter kennen, den Literaturhistoriker und späteren Redakteur der katholischen Zeitschrift „Deutscher Hausschatz", den sie 1888 heiratete. Ihrer Ehe entstammte ein Kind. Mit ihrem Mann und ihren Eltern lebte sie in Regensburg, wo sie am 5.4.1925 starb.

LANG, GEORG LUDWIG HEINRICH wurde am 1.2.1836 in Friedberg geboren. Zunächst wollte er sich der Kunst widmen, wandte sich jedoch nach dem Tode des Vaters dem Lehrberuf zu. Er begann an der Stadt- u. Realschule in Michelstadt im Odenwald, wechselte an die Musterschule in

Frankfurt, wurde 1878 Rektor der dortigen Dreikönigsschule, später der Wallschule. 1898 trat er in den Ruhestand. Als praktizierender Maler unternahm er eine Reihe von Reisen durch ganz Deutschland und besuchte auch Florenz und Rom. Er starb am 19.4.1920.

OERTEL, FRIEDRICH WILHELM PHILIPP (Pseudonym: W. O. v. Horn) wurde am 15.8.1798 in Horn bei Boppard geboren. Er studierte Theologie in Heidelberg, machte die Bekanntschaft mit Jean Paul und Jung-Stilling, erhielt 1819 die Priesterweihe und wurde 1822 Pfarrer. Von 1822 an war er Superintendent und Kreisschulinspektor in Sobernheim. Jahrelang gab er die Zeitschrift „Die Spinnstube“ heraus. Er starb am 14.10.1867 in Wiesbaden.

RUPPEL, HEINRICH (Pseudonym: Gerhard Wohlgemuth) wurde am 8.11.1886 in Neukirchen bei Fulda geboren. Er war Taubstummenoberlehrer in Homberg. Er starb am 17.11.1974 in Ziegenhain (heute: Schwalmstadt).

ZITZER, GEORG wurde am 9.1.1870 in Aulenhausen (heute OT von Weilmünster) geboren. Von 1887 bis 1890 besuchte er das Lehrerseminar in Usingen. Er war von 1903 bis 1921 als Lehrer tätig in Erbach im Oberwesterwaldkreis, in Schupbach und schließlich in Niedereisenhausen. Zuletzt wirkte er bis 1930 als Hauptlehrer in Battenberg (Eder). Nach seiner Pensionierung verzog er nach Kleinheubach bei Miltenberg am Main, wo er am 8.7.1932 starb. Er hat sich als Volkskundler und Sammler hessischen Liedgutes und als Herausgeber der in Marburg erschienenen Reihe „Hessische Lesestube“ einen Namen gemacht.